周孝先傳

白諫真題

杨宇全　主编

ZHEJIANG UNIVERSITY PRESS
浙江大学出版社
·杭州·

图书在版编目（CIP）数据

周孝先传 / 杨宇全主编；李璐副主编 . -- 杭州 ：
浙江大学出版社，2024. 8. -- ISBN 978-7-308-25259-1

Ⅰ . K825.38

中国国家版本馆 CIP 数据核字第 20248L0A40 号

周孝先传

杨宇全　主　编

李　璐　副主编

策划编辑　吴伟伟
责任编辑　马一萍
责任校对　陈逸行
封面设计　周　灵
出版发行　浙江大学出版社
　　　　　（杭州市天目山路148号　邮政编码310007）
　　　　　（网址：http://www.zjupress.com）
排　　版　浙江大千时代文化传媒有限公司
印　　刷　杭州宏雅印刷有限公司
开　　本　710mm×1000mm　1/16
印　　张　20.25
字　　数　266千
版 印 次　2024年8月第1版　2024年8月第1次印刷
书　　号　ISBN 978-7-308-25259-1
定　　价　108.00元

浙江大学出版社市场运营中心联系方式：（0571）88925591；http://zjdxcbs.tmall.com

本书由浙江大学教育基金会组织编写

我願是一朵棉花
厚暖天下蒼生

周孝先

Foreword I

It is indeed an honor and a privilege to write the foreword for the biography of Mr. Charles Shou Shen Chow. Mr. Chow was my brother-in-law, and we had a harmonious, mutually respected relationship! Since he was 11 years older than me, our conversations were regularly one-sided, which means "most of the time he spoke, and I listened"!

In that process, I have learned, appreciated, and later admired that he possessed the Chinese virtue of piety, especially to his father. He was a highly disciplined person, self-taught and learned to do everything well; thereafter, he taught and helped many others to become successful! He lived a simple life with very few material needs, although he always emphasized quality rather than quantity! In addition, he was a clear and intelligent thinker, a visionary, and a pioneer in his trade. In addition, he was also a treasured friend and collaborator to many, and an exceptionally generous person when it came to supporting the education of the poor or those in need!

It is worth celebrating that the editors of this biography have painstakingly searched and collected mountains of material on Mr. Chow's life, family, career, and his contributions to his motherland as well as his passion to preserve the Chinese culture; then, they skillfully organized all their findings into ten concise chapters with each chapter written in a succinct manner for the readers. One can easily find sufficient details at the right places to enjoy as well as to appreciate the history and numerous accomplishments of Mr. Chow!

Please allow me to share some of my personal views of Mr. Chow and my dear sister, Shiu Lee Woo! Together, they gave back to both the Chow family and the Woo family in a big way. Shou Shen, as the eldest son of the Chow family, had assumed his duty and responsibility seriously and took great care of his siblings and family. As a member of the Woo family, I would like to express my gratitude to them for helping us when we need help!

On November 3, 2023, my wife, Mrs. Pattie Woo, and I had the good fortune to tour the Zhejiang University Museum of Art and Archaeology (ZJUMAA) with my sister and my nephew, Mr. E. K. Kong Woo. It was an eye-opening experience! While walking through the exhibits in Gallery 3 (the Chow Shou Shen Charles and Woo Shiu Lee Gallery) with graduate students and junior faculty members from the Dr. Li Dak Sum & Yip Yio Chin Center for Stem Cell and Regeneration Medicine of Zhejiang University, I immediately felt the essence of Mr. and Mrs. Chow's dedication to supporting education, especially Chinese tradition and culture. As an educator myself, this event also triggered my memory on how passionate they were about supporting many forms of education, such as the "Xiao Biandan" program in collaboration with the Chinese University of Hong Kong to build a number of elementary schools, the Shiu Lee Education Foundation that provides significant funding to encourage outstanding secondary school students, and so on (See Chapter 6 for details). They have also generously supported our

Asian. American Institute for Research and Education (ASIAM).

About a decade ago, I discovered that Mr. Chow was a follower of Professor Paul Krugman, a Nobel Laureate in Economic Sciences! It was surely a pleasant surprise that he would be studying Krugman, who has a liberal conscience with expertise in international trade. Indeed, it is refreshing to learn that such a highly successful businessman would want to learn new and perhaps opposite economic theories and be open-minded enough to accepting them!

I strongly believe that the readers of Mr. Chow's biography will find that he really had "a life worth living" and that his philosophy of life not only has served as sound guiding principles to his two upstanding children, Stella and Steven, but also should be "a reference example" to many!

Savio Lau-Yuen Woo, Ph.D., D.Sc. (Hon), D.Eng. (Hon)

Distinguished University Professor Emeritus

Department of Bioengineering

Swanson School of Engineering

University of Pittsburgh

slyw@pitt.edu

January 2024

序
一

我很荣幸能为周孝先先生的传记撰写序言。周先生是我的姐夫，我们的关系很和谐，相互尊重。因为他比我大 11 岁，我们的谈话通常是单方面的——大部分时候是他在说，我在听。

在这个过程中，我从了解、欣赏到后来钦佩他拥有中国人的传统美德，尤其是他对父亲的孝道，让人感佩。他是一个高度自律的人，自学成才，力求把一切事情都做得尽善尽美；而且他乐善好施，教导和帮助许多人取得了成功。他个人生活很简朴，物质需求很少，总是强调质量而不在意数量。他是一个清醒而聪明的思想家，有远见，是他这一行业的先驱。他待人热诚，极具人格魅力，是许多人珍视的朋友和合作者，在支持贫困者或有需要的人的受教育时，他是一个非常慷慨的人。

值得庆贺的是，这本传记的编辑们煞费苦心地寻找和收集了大量关于周孝先先生的生活、家庭、事业、他对祖国的贡献，以及他对保护中国文化的热情的资料；然后，经过取舍，巧妙地将他们所有的发现整理成简明的十章，每一章都以简洁的方式书写。甚至，人们可以很容易地在合适的地方找到足够的细节来欣赏周先生的经历和他的众多成就。

请允许我分享我对周先生和我亲爱的三姐胡秀莲的一些个人看法。他们夫妇二人一起大力回馈了周氏家族和胡氏家族。周孝先是周家的长子，他承担了自己的责任，认真照顾着他的兄弟姐妹和家人。作为胡氏家族的一员，我想表达我的感激之情，他们两位总是在我们需要的时候无私地帮助大家。

2023年11月3日，我和我的爱人张德洁、我的三姐，以及我们的侄子胡裔康一起参观了浙江大学艺术与考古博物馆（ZJUMAA）。这是一次令人大开眼界的经历。我们与来自浙江大学"李达三·叶耀珍干细胞与再生医学研究中心"的研究生和青年学者一起交流。当参观三号展厅（周孝先　胡秀莲厅）时，我立刻感受到了他们致力于支持教育的本心，尤其是对中国传统文化的支持。作为一名教育工作者，这也勾起了我对他们支持多种教育形式的难忘记忆，即与香港中文大学合作的"小扁担"项目，捐资建造多所小学，以及为优秀中学生提供大量资金的秀莲教育基金等。他们也慷慨地支持我们的亚洲·美国研究与教育学会。

大约十年前，我发现周先生十分关注诺贝尔经济学奖获得者保罗·克鲁格曼教授。他计划对克鲁格曼的思想进行深入研究，这让人很惊喜。克鲁格曼有着极强的人格魅力，在国际贸易方面的专业知识十分丰富。事实上，得知周先生这样一位非常成功的商人想要学习新的、也许是与之所持观点相反的经济理论，并足够开明地接受这些理论，真是令我耳目一新。

我坚信，读者在读过周先生的传记后，会发现他确实过着"值得生存的一生"；他的人生哲学不仅为他的两个正直的儿女宗元和崇洁提供了良好指导，而且应该成为更多人的"榜样"！

胡流源

美国国家工程院院士、医学院院士

匹兹堡大学斯万森工程学院生物工程系特聘荣誉教授

2024年1月

感谢胡秀莲女士及其家人的充分信任及众多挚友的热情支持，《周孝先传》终于要付梓了。本书编写组交给了作序的任务，我心中充满对这位忘年挚友的深切怀念和感恩之情，义不容辞地提起了笔。

1991年我从杭州市委宣传部调到浙江省人民政府侨务办公室工作，主要负责联络接待以浙江籍乡亲为主的海外侨胞和港澳同胞。多年来，我联络接待了众多贤达，其中交往最深的是周孝先先生和胡秀莲女士。30多年过去了，和这对贤伉俪交往的点点滴滴，都深刻地印在我脑海里。

我们初识始于20世纪90年代初的一个清明节，当时周先生夫妇携家人从上海驱车到宁波祭祖，由于驾驶员不熟悉路况，行驶至杭甬高速宁波段时出了点意外，机缘巧合由我负责联络协调处理，很快得到了妥善解决。这本是为侨服务的本职工作，但周先生夫妇却记住了我们所给予的帮助，在祭祖返程途经杭州时，一定要约我在杭州张生记餐馆坐坐，品尝杭帮土菜，推托不过，我只好恭敬不如从命了。正是周先生的这份用心，让我看到他真诚待人的为人处世风格，也就此开启了我们几十年的忘年之交。那天我们聊得很开心，当时他已65岁，我41岁，都属马，我们的年龄相差整整24岁。说来也巧，交谈中得知周先生在战乱的年代里，15岁就离家外出当学徒做生意了；我则是在那个特殊的年代里，15岁离家远赴黑龙江北大荒支边。他是一位国际知名的商界精英、爱国港商，而我是一名普通的政府工作人员，看似不怎么搭界的我们，竟因相似的人生经历拉近了年龄上的距离。我敬佩他闯荡天下的勇气和功成济世的情怀，他认可我年轻持重、靠谱务实的工作作风。然而最终彼此相互吸引的，我想还是彼此内心的那种良善和真诚乃至价值观相近的认知吧。30多年的交往，周先生于我，亦师亦友，交往越深，越为先生的品行和睿智所折服，也被先生那份家国情怀所感动。作为一名多年的侨务工作者，我看到了老一辈侨胞、港澳同胞身上保留着中国传统文化中许多美好的东西，并深深地感染着我。我有幸与多位这样的长者交往，他们都像周先生一样令我敬重，也激励着我秉持以人为本的理念，用心用情用力做好为侨服务的每一项工作。

与周先生交往中最难忘的是他诚信待人的品质。诚信使他成为一个享誉国际的商界精英，与美国、澳大利亚、巴基斯坦、日本等国的"棉花大王"都成为了好朋友。周先生也正是通过这样的人脉关系为国家、为人民尽心尽力。他曾为山东等省解决棉花滞销的问题；为新疆生产建设兵团引进国外植棉的新品种、新技术，并且说服国际友人馈赠当时世界上最先进的土壤检测设备和农用飞机；他神奇地使一个个商业客户变成了可信赖的朋友。周先生曾多次提及，他只要一个电话，不需要定金和担保，价值数千万美元的棉锭就能成交，等货入库验收后再付款。良好的商业信誉是周先生几十年讲诚信的验证，他的付出一定是倍于他所得到的。一个恪守诚信的人，才会在利益冲突的时刻得到人性中最完美的馈赠。

我曾多次到访过周先生在香港的办公室和家，也去过他在上海的公寓和在苏州东山的宅院，欣赏过他们夫妇几十年来的丰富收藏，深深感动于二老对中国传统文化执着的热爱。这些藏品中除了价值连城的艺术品，还有名人挚友的赠品，很多物品是他与多国政要交往时对方赠予的纪念品，也有在国家困难时，他出手相助的见证。他很珍视这些有温度的物件，因为每一件物品背后都有一个感人的故事，每一件都述说着一位久居香港的乡贤对国家、对民族的深情厚爱。他说过，在最困难的时候，他就寄希望于中国共产党，寄希望于祖国，他始终对中国的未来充满信心和期待，也为之贡献了自己毕生的力量，看到祖国国泰民安他感到无限欣慰，晚年安居故土是他一生最惬意的安排。

世上富人不少，但心有大爱的富人不多，周先生就是一个心有大爱讲善行的人。他格局远大，心胸宽广，他从做小本生意开始直到成为一方巨富，始终关切着民族和国家的境遇。他饱经风霜和忧患，始终不改家国情怀；他持续数十年的善举，令世人敬佩。20世纪50年代，他冒着人财两空的危险，冲破封锁加入爱国商人的行列，为抗美援朝筹集急需的物资；60年代，他急国家之所急，为筹措外汇贡献卓著；七八十年代，他持续不断地回内地捐资助学，捐赠医疗设备；他不辞辛苦，多次陪同应邀来华考察的美国、澳大利亚的棉花大亨和日本政企界要人去新疆考察，并最终促成引进优质棉种和先进设备的深度合作，投资毛纺织企业……他看似是在做一桩桩的生意，实际上是在为国家的明天、为新疆的发展奉献，尤其是他的辛勤谋划为新疆的棉业发展书写了闪光的一页。作为新疆棉业发展的先驱，新疆维吾尔自治区政府和几代农垦人都没有忘记他，这也是先生最感自豪的事。90年代以后，他仍继续行善事，给予内地多家教育科技医疗单位巨额捐款，为改善民生尽心尽力。

2015年1月，我从政府部门工作岗位上退休后，应母校浙江大学的邀请，帮助做集聚港澳及海外资源、提升浙江大学国际知名度的工作。2017年10月，受校领导委托，我邀请周先生夫妇来浙江大学考察访问并参观了校史馆和当时正在建设中的浙江大学艺术与考古博物馆，游览浙江大学的美丽校园，与朝气蓬勃的学子们交流，两位老人非常激动。他们十分认同浙江大学的办学理念和发展愿景，当即表达了要捐钱捐物支持浙江大学"双一流"建设的意向。他们的慷慨捐助不仅仅是对浙江大学的信任及对我的工作的帮助，更重要的是对国家教育事业的支持。让人遗憾的是，一切还在策划中，先生却不幸与世长辞……难能可贵的是，胡秀莲女士继承先生遗愿，努力完成他们夫妇的共同捐赠，几百件珍贵的藏品，几千万元捐赠基金，一件件落实，一步步到位，拳拳之心令人动容。

今天，在浙江大学艺术与考古博物馆"周孝先　胡秀莲厅"和中央展厅展出的周孝先夫妇捐赠的部分藏品，让人们可以近距离观赏并感受中华传统文化的艺术魅力，真是泽被后世，功德无量！

周孝先先生的一生是富有传奇色彩的一生。坚韧、诚信、孝敬、慈善、博爱、义气、豪爽几乎贯穿了他不平凡的传奇一生。

周先生生前极为低调，故能搜集到的有价值的资料不丰富，加上先生已故，一些事情因岁月久远已经难以还原，令人遗憾。按周先生生前一贯的为人处世方式，他不会去为自己"身后留名"，更不会刻意去"流芳百世"。

好在历史是人心写的，周先生用自己的实际行动树起的座座"丰碑"，早已树立在了长城内外、天山南北、香江两岸与太湖之滨……我们唯以出版《周孝先传》来缅怀和致敬这位"爱国商人"，通过追忆、纪念和铭记周孝先先生的嘉德懿行与丰功伟绩，告慰逝者，激励后人，牢记家国情怀，致力中华民族的伟大复兴！这是我们写作和出版《周孝先传》的初衷。

李培培

2024 年 5 月于杭州

目　录

引　子

2023 年 5 月 6 日，是一个难忘的日子，浙江大学艺术与考古博物馆（简称艺术与考古博物馆）迎来了载入史册的一天。"胡秀莲女士捐赠仪式暨周孝先　胡秀莲厅揭牌仪式"在艺术与考古博物馆大厅隆重举行。

这一天恰逢二十四节气中的立夏，是夏季的第一个节气，也是标志万物开始旺盛生长的一个重要节气。历书记载："斗指东南，维为立夏，万物至此皆长大，故名立夏也。"立夏意味着春日将尽、夏日初长，万物繁茂，日照增加，气温回升，江南一带出现了"夏浅胜春最可人"的光景。

浙江大学艺术与考古博物馆内外人来人往，像过节一般洋溢着喜庆的气氛，到处是欢快的景象。周孝先的夫人胡秀莲女士一袭盛装，神采奕奕，偕亲属十余人来到现场，其子周宗元先生也专程从香港飞抵杭州参加活动。

浙江大学党委书记任少波、副校长黄先海，"周孝先、胡秀莲中国艺术史研究与教育基金"管理委员会副主任李培培、浙江大学教育基金会秘书长沈黎勇，时任浙江大学艺术与考古学院院长白谦慎、艺术与考古博物馆馆长刘斌、常务副馆长马景娣等师生代表和周孝先的弟弟周孝骏，弟媳关莹华，妹妹周佩琪及侄女周嘉虹、侄女婿陆铀，外甥叶嘉春、外甥女叶嘉音、外甥女婿叶俊、外甥女钟维绮、

胡秀莲、周宗元（左一）、任少波（右二）、黄先海（右一）共同为"周孝先 胡秀莲厅"揭牌

以周孝先、胡秀莲伉俪命名的展厅

外甥媳妇汪琼等周氏家族代表及校外嘉宾数十人共同见证了"胡秀莲女士捐赠仪式暨周孝先　胡秀莲厅揭牌仪式"这一庄严而又隆重的历史时刻。

任少波发表了热情洋溢的致辞，并向胡秀莲女士颁发了捐赠证书和捐赠铭牌。黄先海主持捐赠仪式，与胡秀莲女士签署了捐赠协议，并向周宗元先生颁发了浙江大学海外发展顾问聘书。胡秀莲、周宗元、任少波和黄先海共同为艺术与考古博物馆三号展厅"周孝先　胡秀莲厅"揭牌。周氏家族代表、《周孝先传》编辑委员会成员、浙江大学有关部门负责人和师生代表共同参加了捐赠和揭牌仪式，并参观了在周孝先　胡秀莲厅和中央展厅展出的"屏居佳器——周孝先胡秀莲伉俪捐赠家具展"和"印心载道——周孝先　胡秀莲伉俪捐赠瓷器玉器展"。

任少波在致辞中向以周孝先、胡秀莲伉俪为代表的周氏家族多年来对浙江大学的关心和支持表示衷心的感谢。他说："在浙江大学建校 126 周年之际，胡秀莲女士一行给浙江大学师生送来厚礼，奉献教育慈善事业的拳拳善心令人感佩，弘扬中华文化艺术的远见卓识催人奋发。学校将倍加珍惜胡秀莲女士及其家人对学校的慷慨捐赠与精神鼓舞，精心保管、维护、展示好捐赠物品，最大限度地发挥藏品的育人功能，将周孝先、胡秀莲伉俪及社会各界的大爱与善举转化为学校立德树人、开拓创新、奋发有为的不竭动力，以服务国家为最高追求，用实实在在的成绩回报社会各界的关心和厚爱！"

周孝先、胡秀莲伉俪长期支持国家教育、医疗、文化、艺术等社会公益事业的发展。近年来，他们先后在浙江大学捐赠设立"周孝先胡秀莲中国艺术史研究与教育基金"，并捐赠中国传统家具、瓷器、玉器、书画等 252 件，以及石亭、太湖山石等一批具有历史价值的艺术品，支持学校艺术与考古博物馆开展中国艺术史研究、

任少波（右五）、黄先海（右四）、李培培（右二）、白谦慎（右一）与胡秀莲女士（左五）及周氏家族代表合影

展览和教育等活动。

耄耋之年的胡秀莲女士精神矍铄，她充满深情地说："希望通过我们的捐赠，让更多的人通过观看展示的藏品，近距离欣赏和感受中华优秀传统文化的无穷魅力。我相信周先生在天之灵也会感到无比欣慰的。"

捐赠仪式热烈又庄重，一切正在有条不紊地进行着，这时一群远道而来的中学生闯入了人们的视线，突然而来的"插曲"，给当天的活动平添了特别的色彩。原来是江苏南通一中的 100 多位师生专程赴他们心仪已久的浙江大学参观游学。巧的是，周孝先人生中的第一位贵人就是有"南通棉业大王"之称的王晋杰先生。冥冥之中的巧合，使他们与当天的捐赠与揭牌仪式"不期而遇"了。孩子们看到这些精美的捐赠展品，不时发出阵阵赞叹，纷纷对周氏家族的慷慨与无私表达了由衷的钦敬。

当得知这些宝贝的捐赠者胡秀莲女士与浙江大学党委书记任少波就在现场时，孩子们欢呼雀跃，激动地将他们围拢在一起，摄影师用镜头为他们记录下了这难忘的一刻。此时此景，让在场的成人深切地感受到了孩子们的朝气与活力，同时也让在场的孩子们有充分的理由相信，他们的浙江大学游学之旅不虚此行。看着孩子们兴高采烈、意气风发的样子，可以想象出他们回到家乡后一定会向亲朋好友津津乐道当天的校园奇遇；而当天的经历，一定会在他们心中留下难忘的记忆，周氏家族的感人事迹也一定会助推他们的成长。

《易经》"贲卦"中讲："刚柔交错，天文也；文明以止，人文也。观乎天文，以察时变，观乎人文，以化成天下。"这是优秀的传统文化散发出的无穷魅力，这是"润物细无声"的人文精神的力量感召，这也是最生动的爱国主义教育！周孝先与师父王晋杰如泉下有知也

浙江大学党委书记
任少波致辞

任少波为胡秀莲女士颁发捐赠证书

任少波为胡秀莲女士赠送纪念校盘

胡秀莲女士致辞

黄先海与胡秀莲女士签署捐赠协议

黄先海向周宗元颁发"浙江大学海外发展顾问"聘书

胡秀莲、周宗元、任少波、黄先海与从南通前来游学的师生合影

一定会为此感到高兴。

　　同日，"印心载道——周孝先　胡秀莲伉俪捐赠瓷器玉器展"在浙江大学艺术与考古博物馆中央展厅面向公众开放。展览是中华文化之风雅展现，也传递着周孝先、胡秀莲伉俪的拳拳爱心和人文精神。

　　玉是"石之美者"，温润且有光泽。作为中国古老传统的一部分，玉器被应用至祭祀、丧葬以及装饰等诸多领域。玉以其自然之美被人喜爱，更作为精神文化的象征被仁人君子所推崇。

　　这些美玉展品的后面有着一个传奇故事。周宗元告诉大家，这批玉器展品均为新疆和田玉中的精品，是父亲当年在新疆植棉时一个偶然的机会购得的。当时，一家玉器厂由于信息不通、销售渠道

玉器展品

不畅，大量的产品积压，"皇帝女儿也愁嫁"。看到如此精美的东西被冷落在一边无人问津、厂家心急如焚的样子，周先生不禁动了"恻隐之心"，他不假思索地将这批"可遇不可求"的精品悉数买下。资金盘活了，企业起死回生。像这种扶危救困、纾难应急的侠义行为，周孝先一生不知做过多少次了！

瓷器被誉为"火与土的艺术"，看似不起眼的瓷土在1300度的高温下幻化成胎釉精良、微透酥光的模样。自古以来，瓷器多以"如冰似玉"的质感为贵，而精细的胎骨也为器物成型增加了难度，烧制大型器物尤为不易。

瓷器易碎，因此保存不易，这批藏品是周孝先生前在繁忙的商务之余，跑遍了北京、江苏、上海、浙江等地的文物商店及古玩市场，日积月累，一件件精心收藏的，每一件都饱含着他们夫妇的心血。如今，它们被静置在宽敞明亮的展厅内，供人们观赏学习。收藏是一种文化，是一种传承。美美与共，共享共赏，通过参观，观赏者

羊脂白玉炉

在享受美感的同时也于潜移默化中学到了知识。周孝先生前与胡秀莲女士经常说的话就是："好的东西要一起分享，收藏的终点是捐赠，博物馆就是藏品最好的归宿。"

同时，从苏州吴中区东山镇迁来的"孝莲亭"也屹立于艺术与考古博物馆旁的一角，亭名由周孝先、胡秀莲伉俪名字各取一字组成，寓意"仁义礼智信，忠孝廉耻勇"，像出淤泥而不染的莲花一样香远益清，代代相传。"孝莲亭"的亭名由时任浙江大学艺术与考古学院院长白谦慎教授题写，三字端庄隽永、古意盎然，此亭已成为浙江大学艺术与考古博物馆的一道新风景。

像许多为浙江大学发展做出过贡献的先贤一样，周孝先、胡秀莲伉俪与浙江大学从此结下了永远的缘分，"周孝先 胡秀莲厅"揭牌启用，"孝莲亭"经过重新组装立于校园一角，数百件捐赠藏品正式展出，中国艺术史研究与教育基金启用……从这一天起，他们的名字永久地镌刻在了浙江大学发展的丰碑上。

展厅一角

部分瓷器展品

清代墨地素三彩将军罐

清代青花缠枝莲天球瓶

焕然一新的 "孝莲亭"

第一章　书香传家　忠孝立本

以孝为本　以善行世

江南嘉禾，钟灵毓秀，可谓物华天宝，人杰地灵。自古迄今，不仅出了许多文人大儒，还出了不少名商巨贾。

1930年4月20日，周孝先出生于上海，祖籍为苏州。忠厚传家，诗书继世，一直是这个家族的祖训与家风。

生活在那个时代的殷实人家大多崇文重教，许多人都受过很好的私塾教育，因此他们有着比较扎实的旧学功底。孔子说："天地之性，人为贵；人之行，莫大于孝。"中华传统文化强调"人生五伦孝为先，自古孝是百行源"。"百善孝为先，孝为德之本"，这一点单从周孝先的名字便可知晓。周先生出生在一个书香门第，从牙牙学语起便接受诗书礼仪熏陶，耳濡目染，潜移默化，从小就种下了孝敬父母、热爱中华优秀传统文化的种子。父亲周子专为其取学名为孝先，乳名为百善，其中自然蕴含着父辈们的殷切期盼。

中国传统文人是快乐、超俗，抑或痛苦、压抑，现已难以说得清楚。历代文人即使在生活安逸、仕途得意时，心中也常存"为天地立心，为生民立命，为往圣继绝学，为万世开太平"的意识，而在陡遭不测、身处逆境时，又常常能保持一份无怨无悔的淡然心态。这就是中国传统文化的底蕴，因其博大，受其滋润的中国文人的心胸也是宽广

周孝先与父亲周子专

大度的，其精神世界更是丰富多彩的。

> 忧患增人慧，艰难玉汝成。
> 死灰犹可活，百折莫吞声。

这是郭沫若的《南下书怀》诗。其中"忧患增人慧"化用亚圣孟子"生于忧患，死于安乐"（见《孟子·告子下》），意为忧愁祸患能增长人的智慧；"艰难玉汝成"出自北宋文学家张载《西铭》中的诗句："艰难困苦，玉汝于成"，意思是说：艰难困苦，能成

周孝先与爱子周宗元

就人的事业。用"忧患增人慧，艰难玉汝成"这两句诗来形容周孝先的创业人生再贴切不过了。

周孝先自幼受传统文化的教育，孝心善行、吃苦耐劳等传统美德已经给他留下了根深蒂固的印记。正是传统文化的滋养，造就了他"重诚信、讲善行""忠孝双全"的人格底色。

小时候儒家"修身齐家治国平天下"的"终极梦想"在周孝先的心灵中打下了爱国爱乡意识的深深烙印，他很早便有了割舍不断的"家国情怀"。长大后，无论是实业救国，还是教育兴国，他都将爱国爱乡爱家作为自己的毕生追求。了解了这一点，就能很好地理解他为什么会对中华传统文化如此痴爱，以及为何热衷兴业办厂、捐资助学等一系列公益行为了。

孝德文化的传承依靠一代代人的接力。身教重于言传，正是周孝先的身体力行、言传身教，其子周宗元自幼便在浓浓的孝道氛围中长大，孝心孝念润物细无声地滋养着他的心田。周宗元对父母非常孝敬，这自然源于传统文化与家风家教的影响。

勤以修身　俭以养德

周氏家族为吴江名门望族，先祖世居苏州濂溪坊，为周敦颐嫡裔。

作为我国古代著名思想家、理学家、哲学家、文学家的周敦颐，字"茂叔"，号"濂溪"，谥"元公"，与邵雍、张载、程颢、程颐并称"北宋五子"，是我国理学的"开山鼻祖"，被称为"一代儒宗"，而"程朱理学"的开创者"二程"皆出自其门下。清初著名学者黄宗羲赞周敦颐"孔子之后，元公崛起，二程嗣之"，晚清"一代鬼才"王闿运更是有联曰："吾道南来，原是濂溪一脉；大江东去，无非湘水余波"，可以窥见其学术地位之一斑。

周氏后裔名人辈出，据专家考证，鲁迅（周树人）先生等也是濂溪先生的后裔。

"夫君子之行，非淡泊无以明志，非宁静无以致远。"儿时的周孝先就在父亲周子专的教导下背诵诸葛亮的《诫子书》，其中"静以修身，俭以养德"两句影响了他的一生。敬亲睦族，桑梓情深。在这样的家庭和地理环境中，周孝先自幼耳濡目染，古老的中华文化如涓涓细流滋润着他的心田。

周孝先的祖父曾在清末扬州府担任过要职，能写一手隽秀的书法，尤其是小楷，点画精到，结体严谨，可谓笔笔有致，字字聪慧，被时人誉为"江南小楷王"。然而世事无常，命运多舛，时代动荡，人事代谢，像许多大户人家一样，后来周家家道慢慢中落，生活渐

周孝先的父母亲周子专、林慕贞

渐陷于窘迫。

　　周孝先的父母一共生育了十一个孩子，除了一个夭折外，还有五男五女十个孩子。那时的周家生计已经困顿，家中有数个孩子嗷嗷待哺，从大富大贵到穷困潦倒，生活的艰辛可想而知。

　　据周孝先的胞弟周孝骏（乳名逸九）回忆："听父亲讲，由于世事动荡加之经营不善，祖父年轻时，周家家业便已衰败，境况大不如从前。家中张嘴吃饭的人太多，经常是吃了上顿没下顿，用度日如年来形容一点也不夸张。后来父亲在上海毛姓买办家中做管家，家境才慢慢好了起来。"周子专老先生是典型的江南文人，除了做好管家这份工作，闲暇时他最常做的事情是品茗、读书、写字、画画，家庭事务几乎撒手不管，抚育孩子的家庭重担就压在了周孝先的母亲林慕贞肩上。周母为人贤淑，从早到晚围着家庭转，全心全意地操持着一家老小的每日三餐、生活起居。母亲用勤劳和善良编织着一个温暖的家，含辛茹苦，默默付出，勤勤恳恳，无怨无悔。周孝先在十个孩子中排行老二，虽有一个姐姐，但那个时代女孩子大多大门不出二门不迈，作为长子的他自然要替父母分忧解愁。"勤劳的孩子早当家"，15岁，要在现代，或许还是在父母面前撒娇的年龄，但那时，正值翩翩少年的周孝先却已经离开双亲，外出拜师学艺了。生容易，活容易，生活不容易。小小年纪，未到弱冠之年便出门讨生活，稚嫩的双肩过早地挑起了生活的重担，其中的艰辛与不易可想而知。周孝先的命运遭际是不幸的，但这也过早地磨练了他的意志，这段时间应该说是他人生中的一个重要转折点。他常常默念以前读过的《孟子·告子下》中的"故天将降大任于是人也，必先苦其心志，劳其筋骨，饿其体肤，空乏其身，行拂乱其所为，所以动心忍性，增益其所不能。人恒过，然后能改；困于心，衡于虑，而后作"，以此来鼓励和警示自己。

"孩儿立志出乡关，学不成名誓不还。"苦难和磨砺使人早熟，自那时起周孝先就发誓一定要闯出个样子来。三思方举步，百折不回头，事业无成，绝不见"江东父老"。

第二章　拜师学艺　织棉济世

幸遇恩师　先学做人

人生旅途的关键时间节点上能得贵人相助，可谓三生有幸。因为他不仅会影响和塑造一个人的价值观与人生观，而且可能改变一个人一生的命运。在学徒期间，周孝先幸遇了一位好师父——有着"南通棉花大王"之称的王晋杰。

作为闻名全国的"土布之乡"，南通自明代起就以产棉著称。本地农民男耕女织，史有"木棉花布甲诸郡"之誉。棉花作为一种重要的经济作物，一直以来都与南通人民的生活息息相关。

1862年，郑观应出版了《盛世危言》，提倡实施工业化，这部著作问世后社会反响很大，时人称此书为"医国之灵枢金匮"，是一部以富强救国为核心的"变法大典"。

这本书的出版深深地影响和触动了状元出身的南通著名政治家、实业家、教育家张謇。

1895年，张謇在南通创办大生纱厂。"大生"二字源自《易经》："天地之大德曰生"，这寄托了张謇的理想——天地间最大的事，便是国计民生。大生纱厂自开工后规模不断扩大，先后建成四个纱厂，是当时全国最大的纺织企业。1897年，张謇又在家乡南通创办了机械化的棉纺纱厂，这是棉纺织业在中国迅速起步的关键事件，张謇

陶齋先生五十歲小像

剛方正直不合時宜

志在救世公兩忘私

勇於為善勞怨弗辭

清廉自矢中外咸知

卓哉此公知音其誰

愚弟吳廣霈拜題

郑观应像

南通实业家张謇像

是关键人物。张謇大力倡导"棉铁主义"，并开展植棉教育。1902年，他开始在通海垦牧公司开设农学堂，为农垦、植棉事业培养人才。1914年，张謇在南通设立中国第二棉作试验场，专门进行美棉试验、改良工作。他在沿海垦区大规模引进陆地棉并推广种植，进而形成了我国最早的美棉专业棉区。实际上，在19世纪后半叶，中国官僚机构和资本家一直关注棉纺织产业的生财之道。

王晋杰祖籍江苏南通，自小深受乡贤张謇"实业救国"思想的影响，拜读了郑观应的《盛世危言》一书以后，眼界大开。他是旧上海棉纺织业的先驱，也是王福隆棉行的创始人。他白手起家，艰难创业，销售棉花和棉布多年，诚信经营，价格公道，品种齐全，信誉良好，取得了不俗的业绩，赢得了很好的口碑，被业界人士誉为"南通棉花大王"。王晋杰眼光长远，他深知人才是事业发展之本，早在20世纪40年代就创办"上海市私立棉花商业职业补习学校"，自任董事长，广招学员，为后世培养了诸多棉纺织业的人才，周孝先就是其中的一位。

1947年10月出版的《纺织工业》特刊介绍了学校的筹备过程、教师名录、学生数量、课程、招生简章等。上海市私立棉花商业职业补习学校是上海成立较早的职业补习学校，学校董事长为王晋杰，校长为沈范孙。

周孝先有幸进入这所学校学习，并得到王晋杰先生的关爱。他不仅从这里学艺和起步，更是在这里与棉花结下了终生的缘分。

旧时学徒流行这么一句话：三年学徒，五年半足，七年才能成师父。所以在过去，学艺一般是"三年零一节"出师，所谓"三年零一节"就是满三年之后，再逢到一个年节，这学艺就算学有所成了，而且有些地方徒弟学成满师以后还要谢师两年。学徒三年，也是淬炼心性的三年，徒弟耳闻目睹了师父施业的过程，学会了师父所有

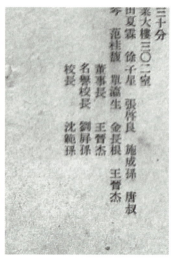

上海市私立棉花商业职业补习学校概况，刊登于 1947 年《纺织工业》特刊

的技能，学徒满师，叫出师，对师父来说，叫出徒。师父传授徒弟本领是给徒弟一个"金饭碗"，让徒弟有饭吃、有衣穿，将来能够安身立命，养家糊口。

在民国以前，学艺的老规矩是经人说合，写出门生帖，立下三年出师的规矩，然后徒弟在介绍人的陪同下，向师父作揖磕头行拜师礼。徒弟入门后，先干粗杂活儿，担水、扫地、洗衣、烧饭等，干上一年左右，师父考验徒弟过关后，才开始传授绝技。学徒期间，师父对徒弟管教很严，有的门生帖上就写着，师父失手打伤了徒弟，出事不可计较。师徒之间礼数也较多，每逢"三节两寿"，徒弟要到师父家请安、送礼。所谓"三节"，是指农历的五月初五端午节、八月十五中秋节，还有就是春节；"两寿"，是指师父及师母的生日。

说到底，旧时的师徒关系大多是等级分明的主仆关系，甚至可以说是剥削与被剥削的关系。徒弟其实就是师父家中的廉价劳动力，但王晋杰与周孝先这对师徒却是一个例外。

茫茫人海中能够拜王晋杰为师，周孝先是无比幸运的。他吃住都在师父家，年纪虽小，却非常勤快、努力，加之天资高，悟性好，学东西快，眼里有活，因此深得师父王晋杰的喜爱。俗话讲"师徒如父子""一日为师终身为父"，朝夕相处之下，师徒二人建立了深厚的情谊，情同骨肉。周孝先不仅是爱徒，而且还是师父王晋杰的得力干将与助手。

师父姓王，故将棉行取名"王福隆"，讨个吉利，意即福气多多，生意兴隆。在王晋杰的精心经营下，王福隆棉行在业界颇有声望，如今翻阅上海的老报刊时依旧会发现当年棉行发布的主营棉布、棉花生意的广告。由此可见它已经具有了一定规模。

民国时期上海王福隆棉行的广告

在师父这儿第一次与棉花打交道，从对棉花一无所知到成为棉业界的行家里手，周孝先是从零开始学的。学做棉花生意首先要了解棉花，一段时间下来，他感觉其中大有学问。比如鉴别棉花，其质量好坏体现在许多方面。一是手感不同：好的棉花手感柔软、舒适，而劣质棉花则手感粗糙、硬度大；二是颜色不一：好的棉花颜色均匀，白度高，而劣质棉花颜色不均匀，甚至有杂质；三是弹性有区别：好的棉花有较好的弹性，可以快速恢复原状，而劣质棉花弹性差，恢复速度慢；四是纤维长度有差异：好的棉花纤维长度均匀，而劣质棉花纤维长度不一，甚至有断裂；五是纤维细度不一样：好的棉花纤维细度均匀，劣质棉花则纤维细度不一，甚至有粗细不均的情况；六是含杂率有高低：好的棉花含杂率低，劣质棉花则含杂率高；七是含水率不相同：好的棉花含水率适中，劣质棉花则含水率过高或过低。总之，好的棉花应该具有纤维细度均匀、纤维长度一致、白度高、手感柔软、弹性好、含杂率低等特点。

周孝先还学会了如何鉴别棉布的质量优劣。鉴别棉布的质量，应先检查其纯棉标志和含棉比重标志，分清是纯棉布，还是棉质布。然后按下述两点检验：一是看布面纹路是否紧密，有无疵点，以及手感是否舒适、色泽是否光亮。布面纹路紧密，无疵点、手感舒适、色泽光亮者质量好，反之则差。二是看纱支的大小，棉布纱支的大小与质量有密切关系。按照英制计算法，纱支数越大，纱支就越细，织成的布质量就越好；纱支数越小，纱支就越粗，织成的布质量就越差。

师父悉心传授，周孝先用心去学，加之天资聪颖，在师父这儿他学到了不少"看家本领"。

王晋杰是一位踏实务实的民族资本家，平时在其他徒弟面前不苟言笑，庄重威严，但与周孝先却是有说有笑，温和有加。老话说：

师徒不对坐，尊卑眉心刻。按说徒弟是不可以与师父平起平坐的，但在王晋杰家中，周孝先可以像家人一样与其面对面同桌吃饭，在那个讲究老规矩、尊卑贵贱分明的年代这几乎是不可想象的。由此可以看出王先生对周孝先的偏爱和呵护。

在日本侵华时期，王晋杰因拒绝与日寇合作，曾被日军抓进监牢，日本人对其软硬兼施，威逼利诱，他都坚决不从，表现出了一个中国商人的铮铮铁骨与民族气节！为了逼其就范，日本人丧心病狂，放出东洋大狼狗威胁他，他也没有为日本人做事，但却因此留下了害怕猎犬的心理阴影，后来一见到犬类，尤其是大型猎犬，便心有余悸。像许多男孩子一样，周孝先从小喜欢养狗，曾养过两条狗，师父王晋杰虽然非常害怕狗，却默许了爱徒在自己的家中养狗。每次王先生快回到家时，家人就提醒他："先生要回来了！"他就赶紧把狗关起来，以免惊吓到先生。

有一次，师父王晋杰买了一个英国产的真皮沙发，款式优雅，价格不菲，在当时绝对是一件奢侈品，家人都非常爱惜，师母每天要用软布揩拭几遍，沙发始终一尘不染。周孝先年轻好动，有些顽皮，大夏天出了一身大汗，不管不顾，一回家就四仰八叉地躺在了沙发上，结果一个非常清晰的汗渍身形便"印在"了沙发上，汗里是有盐分的，自然会对真皮沙发造成一定的损害。要换作别人，王先生没准儿要大发雷霆，但对周孝先这个"徒儿"，他只是一笑而已。由此可见师父王晋杰对他的偏爱程度。不仅如此，王夫人就连自己装金银细软的保险箱的钥匙也让周孝先代为保管，家中的大事小情也都不瞒着他，周孝先完完全全融入了这个大家庭。

王晋杰与周孝先二人虽说是师徒关系，王先生却对他视为己出，二人情同父子。后来周孝先离开上海到香港发展，事业越做越大，可以说与师父王晋杰有直接关系。没有王晋杰当年的悉心栽培与倾力提携，也就没有周孝先的后来，当然这也离不开周孝先的悟性与用功。在人生的关键时间节点，师父王晋杰是周孝先遇到的第一位贵人，也是决定他人生命运的恩人。

生意场上有一句俗语，叫"三分生意，七分做人"，即做生意就是做人，掌握了做人之道，天下就没有难做的生意，赚大钱就不难！商界有一句名言"小胜凭智，大胜靠德"，意思是说赚小钱、获得小的成功主要是依靠经商的智慧，而赚大钱、获得事业上的大的成功则必须依靠高尚的德行，要以道德来规范自己的行为。正所谓"无德必无财，有德财自来"。师从王晋杰的几年中，周孝先不仅学会了辨别与鉴定棉花的本领，更重要的是学到了王晋杰诚信为本、一诺千金的"生意经"，学到了做人的大道理。师父多次给他讲：所谓的"无商不奸"实际上是从"无商不尖"演变而来的。以前的米商做生意，除了要将斗装满之外，还要再多舀上一些，让斗里的米冒尖儿。但凡做生意，总要给客人一点添头。这是老派生意人的一种生意噱头，这一小撮"添头"，让客人很受用，故有"无商不尖"或"无尖不商"之说。"无商不尖"还体现在去布庄扯布，"足尺放三""加三放尺"，拷油拷酒也都有点添头。十里洋场的上海，在"王家沙"吃小笼馒头会免费送蛋皮丝开洋清汤；在"老大昌"称糖果会奉送两根品牌三色棒头糖，这都是让利于民的具体事例。后来一些昧心的商人唯利是图，坏了规矩，"无商不尖"逐渐演变成了"无商不奸"，意思也发生了翻天覆地的变化：不奸诈就不能作商人。这个掌故发人深省，让周孝先刻骨铭心、终生难忘。

师父的一举一动、一言一行都使周孝先铭记在心，尤其是待人接物、为人处世的方式方法更是影响了他的一生，对他人格的塑造与家国情怀的培养至关重要。

风雨如磐　长夜漫漫

周孝先对旧时代的憎恶与失望绝不是偶然的。抗日战争胜利以后，国民党发动全面内战，整个国民经济陷入严重危机。1947 年 5 月初，全国学界为纪念五四运动 28 周年纷纷举行各种形式的纪念活动。5 月 4 日，上海一些院校的学生，除举行五四纪念会外，还到社会上进行反内战、反压迫、反卖国的宣传，遭到国民党警察镇压，上海法学院等校的学生被打成重伤。5 日，上海法学院的学生举行罢课抗议，并通知各校各社团予以声援，组织抗议会。9 日，参加"上法五四事件后援会"的 34 所大、中学校学生代表 700 余人齐集国民党上海市政府示威，抗议国民党的暴行，从此揭开了全国反饥饿、反内战、反迫害运动的序幕。周孝先目睹和经历了这一切，对这个贪腐的政府不再抱任何希望。

20 世纪 40 年代末期金圆券事件之后，他对彼时的世道更是失望至极。

金圆券是国民党政府发行的一种货币，自 1948 年 8 月开始发行，1949 年 7 月停止流通，仅使用了十个月左右。金圆券事件是国民党反动派对人民的一次经济掠夺，民营进口行陆续闭门歇业，到这一年秋冬金圆券风暴时，倒闭的更多。

金圆券事件严重波及国计民生，滥发的货币在一夜之间成废纸，感受到切肤之痛的自然是生意人。当时身在上海的周孝先与师父王晋杰就亲历了这荒唐的一幕。随着金圆券钞票面额不断升高，最终出现了面值 100 万元的大钞，但仍不足以应付交易之需，各式买卖经常要以大捆钞票进行。

生产萎缩，投机盛行，物价飞涨，通货膨胀，老百姓的生活越来越难以维持，社会动荡不安。有多少人的财产付诸东流，又有多

以王晋杰名字命名的澳门"晋杰苑"   澳门万博有限公司开发的"晋杰苑"宣
传海报

少人因此家破人亡！

当年周孝先与师父王晋杰拖着装满金圆券的沉重行李箱，眼见自己辛辛苦苦打拼来的血汗钱顷刻间变成一堆成捆成捆的废纸，师徒俩的心在滴血。他们见证了世道的荒唐与疯狂，对国民党政府的所作所为失望到了极点，对蒋家王朝的厌恶与失望也到了极点。随后，王晋杰与周孝先都离开上海到外地发展。

"疾风知劲草，板荡识诚臣。"师父王晋杰是周孝先步入商业道路上的第一位导师，也是他成长做人的"教父"。滴水之恩，当涌泉相报。21世纪初周孝先在澳门开发房产时，胡秀莲女士特别向周孝先建议先用师父的名字命名，然后再用他父亲的名字。周孝先采纳了这一建议，为了纪念自己与恩师这段难忘的情谊，他特意把在澳门开发的小区命名为"晋杰苑"。是的，其中的一砖一瓦、一石一木都包含着周孝先对恩师的一片深情。

问世间情是何物，经历了人生的艰难困苦才会大彻大悟。除了对父母，周孝先最孝敬的人就是师父王晋杰了。他的这种孝是大孝，是超越了骨肉之情的孝。如王先生在天之灵有知，他一定会为自己的爱徒感到骄傲和欣慰的。

晋杰苑对面是澳门五所著名中学之一的"嘉诺撒圣心英文中学"

第三章　筚路蓝缕　砥砺奋行

临危受命　赴港发展

经历了大上海"十里洋场"的摸爬滚打，度过了难忘的几年学徒生涯，周孝先学成出徒，稚嫩的翅膀渐渐硬朗，可以尝试着"单飞"了。1948年，他的人生出现了一个转机，18岁的他被师父王晋杰派到了被称为"东方明珠"的香港经营王福隆棉行的业务。全新的天地、全新的角色，从此他的人生掀开了全新的一页。

20世纪40年代后期，正是新旧交替、风雨飘摇、时局动荡、人心惶惶之际，王福隆棉行部分业务由上海转移到香港，委托王晋杰的妻弟全面打理，但由于种种原因，经营状况欠佳，棉行濒临倒闭。关键时刻，师父王晋杰想到了自己的得意徒弟及助手周孝先。"养兵千日、用兵一时"，徒弟虽说刚满18岁，但通过这些年在师父身边的学习与历练，已经不再是一个青涩稚嫩的毛头小伙子了。师父对他寄予厚望，认为凭他掌握的本领完全可以独当一面，于是毅然决然地派他到香港去接管公司的业务。

从上海到香港，周孝先"受命于乱世之际，奉命于危难之间"，这是他第一次独自出门远行，也是他人生的一个重要转折点。这一去从此在香港扎下了根，他的人生命运也因此发生了根本性的变化。经过数十载打拼，他把自己最好的青春年华都奉献给了香江。

20 世纪 40 年代的香港维多利亚港

　　那是一个风雨交加的夜晚，天空划过一道道刺眼的闪电，不时夹杂着阵阵雷声，雨越下越大，慢慢变成了瓢泼大雨，雨水直泻而下，像挂在天地间无比宽大的帷幕。就在这样一个暴风骤雨的晚上，周孝先辞别了父母双亲、师父师母，带着师父王晋杰的殷殷期许，孤身一人搭乘招商局的船，顶风冒雨来到了香港。师父本意是让他看看情况、寻找商机，一再叮嘱他可进可退，灵活应对，人身安全第一，实在不行就全身而回；他却凭着一股"初生牛犊不怕虎"的冲劲与韧劲，很快便适应了新的环境——了解了市场，理顺了生意，以王福隆棉行为基础，从小到大，从弱到强，慢慢在香港开辟了一个属于自己的商业王国。

　　"富人的天堂，穷人的地狱，冒险家的乐园，投机者的竞技场"，这是旧时代香港这座城市的标签。一个未到弱冠之年的年轻人，来到他乡异地，两眼一抹黑。当时的香港不仅语言、生活习惯与内地不同，而且思维方式与经营理念也与内地大相径庭。凭着以前养成的吃苦耐劳的习惯，周孝先从零开始，以百折不挠的精神，一步一个脚印，稳扎稳打，脚踏实地，不久便闯出了一片新天地。其中自然经历了许多艰辛。在苦心经营、用心打理下，他开拓国际市场，发展国际贸易，不仅使香港的业务起死回生，重现生机，而且还促使师父毅然决然地将上海的公司整体搬迁到了香港。"青出于蓝胜于蓝"，从此香港商界多了一个传奇人物——周孝先。

心系内地　情牵家人

当时的香港在港英当局的管制之下，与内地之间有着一道不可逾越的鸿沟。在普通人眼中，两地霄壤之殊，水火不容。尽管如此，却不能隔断周孝先与内地亲人的联系。

周孝先是十个兄弟姐妹中唯一在香港发展的，他的侄女周嘉虹自小寄养在上海祖父母家中，是爷爷、奶奶一手带大的，成家立业后定居香港，因此与伯父周孝先多有接触，对伯父的为人处世非常熟悉。作为长子的周孝先，比兄弟姐妹们更多了一份责任。在周嘉虹眼中，伯父人长得并不高大魁梧，但为人处世却是一位顶天立地的男子汉，是他们这个大家族的主心骨与顶梁柱。在所有长辈中，她与伯父的感情最深。她耳闻目睹了周氏家族的许多事情。据她回忆："祖父早年在上海的一个买办家中做管家，平素工作繁忙，家事无法顾及，祖母为家庭主妇，勤俭持家，任劳任怨，操持着家中的里里外外。周家虽说儿女满堂，但张嘴吃饭的人太多。如果不是家境窘迫，经济拮据，或许伯父的人生会过得更轻松一些，但伯父从来没抱怨过一句，他对家中老人和兄弟姐妹关心备至，几十年如一日，勤勤恳恳，不厌其烦……"周嘉虹动情地说："大伯伯一生没享什么福，总是努力工作，工作之余只是在院子里走走，在书房里看看书、赏赏字画，为国家、为别人做了那么多事，却从不张扬，不求回报，子女、亲戚若稍有名利之心，他都会严厉批评。"是的，严于律己，宽以待人，以身作则，率先垂范，正是周孝先为人处世的一贯作风，这种做派一直延续到他生命的最后一刻。

周孝先的其他兄弟姐妹均在内地。当时内地实行的是计划经济体制，经济欠发达，物资极度贫乏。能够吃饱饭是当时大多数人的第一需求。这一点，相信大凡经历过那个年代的人都会有相同的感受。周家由于张口吃饭的人太多，"僧多粥少"，生活困窘。

在周嘉虹的记忆中，每到逢年过节，家人就"盼星星、盼月亮"一般等着大伯伯汇钱过来，因为一家老少都等着用大伯寄来的外汇去买吃的、用的、穿的……所以从某种程度上讲，周嘉虹也是伯父养大的。所有的兄弟姐妹都在不同程度上得到了他的周济，生活由此得到了许多改善，周孝先是家中的第一"大救星"和"大恩人"。

特别是在三年困难时期，留在内地的周家一大家子人基本上没有饿过肚子。假如没有伯父周孝先的资助，周嘉虹感叹："真不敢想象家中会是什么境况！"

在那些艰难岁月中，内地物资非常匮乏，缺衣少食是常有的事情。胡秀莲女士回忆，嫁给周孝先以后，她印象最深的一幕就是往内地寄东西。这是他们家司空见惯的事情，当时似乎有永远寄不完的包裹，每次往内地寄东西，周先生几乎都是亲力亲为。周孝先在家中飞针走线缝制大包小包的场景至今深深铭记在她的脑海中，成为她一生永远的记忆。当时所发生的一切她仍然记忆犹新：包裹内装满了当时急需的各种生活用品，有针头线脑，也有衣帽鞋袜等，周孝先打

叶嘉松（中）在悉尼与来访的浙江大学代表团合影（右二为黄先海、左二为沈黎勇、右一为翁亮、左一为阎文雯）

包时神情专注，他一针一线，缝得密密麻麻，一丝不苟，仿佛在完成一件非常庄重的任务。周孝先所寄包裹也与众不同，他特意用毛巾做包裹皮，这样亲人收到以后可以把拆下的毛巾洗干净再次利用，由此可见周孝先心细如发。

周孝先虽然在少年时代就外出学徒，错过了最佳的读书时间，但他自走上社会起就一直在自学，不仅向古人、前辈学习，还向同行、同辈学习，不仅在书本上学，更从社会这所大学堂中汲取营养，可以说学习伴随了他一生。不仅如此，他还支持和鼓励晚辈们学习。周孝先的外甥叶嘉松先生回忆，1978年，他考取了复旦大学中文系，

2024 年 6 月 18 日，周孝先外甥叶嘉松夫妇、叶嘉春夫妇一行访问浙江大学并参观浙大艺术与考古博物馆

叶嘉松夫妇、叶嘉春夫妇一行在孝莲亭前合影留念

舅舅得知后非常高兴，主动询问他的母亲："嘉松上大学是否需要帮助？"当时内地百废待举，经常闹书荒，叶嘉松第一时间想到的就是书，所以开出了一长串关于中国古典文学研究方面的书单，包括成套的类书、总集和别集等，心想如能买到一二也就心满意足了。时隔不久，他就收到一批包裹，叶嘉松去邮局用三轮车满满装了一车，取回家打开一看，原来是托舅舅买的书籍，其中竟然还有一些珍贵的线装古籍。舅舅非常重视他的学业，不但从各个书店进行采购，而且还托人寻觅藏书珍品，这批书籍在他的学习研究中发挥了极大的作用。舅舅不仅在学业上给予其支持、鼓励和帮助，更是希望他学业有成后能回报社会与国家。

在此后的岁月里，叶嘉松的确没有辜负舅舅的殷切厚望，他不仅以优异的成绩完成了学业，而且学有所成，在学术领域颇有建树。1996 年，叶嘉松以"多元文化研究者"的身份，技术移民到澳大利亚，在新南威尔士州立图书馆任馆员，从事信息咨询工作。他曾担任复旦大学澳大利亚校友会会长。2023 年当选为澳大利亚中国大学校友会联盟主席。

第四章　琴瑟和鸣　夫唱妇随

相识相知　相濡以沫

香港是周孝先的创业之地，也是他个人的情感之所。

周孝先与胡秀莲相差十岁。1948年正是风雨飘摇、新旧交替之时，周孝先只身一人来到了香港。从时间上看，他比胡秀莲早两年来港。1950年，胡秀莲随母亲来到香港，那时的她还是一个不谙世事的小孩子。而此时，血气方刚的周孝先已是香港王福隆棉行的业务经理，并且已经在商界崭露头角。风华正茂的他可谓"大器早成"，但因忙于事业，时光匆匆，年逾而立之年却仍孤身一人。人常说"缘分天注定"，缘分到了挡都挡不住，周胡二人机缘巧合，从相识相知到相恋，最终结为秦晋之好，冥冥之中或许就是上天的安排。

周孝先与胡秀莲相识还离不开一家著名的公司——日本伊藤忠商事株式会社。

伊藤忠商事株式会社是日本的一家老牌企业。从1858年第一代伊藤忠兵卫做麻布生意创业开始，经过持续不懈的努力，它在纤维、机械、金属、能源、化工品、粮油食品、生活资材、住居、信息通信、金融等各领域从事国内贸易、进出口贸易、三方贸易，以及国内外贸易投资，生意遍及世界各地。伊藤忠商事株式会社是被《财富》周刊评为世界500强之一的综合性贸易公司。

　　在商界，周孝先算是"大器早成"，这自然得益于他的勤奋、悟性与早年的历练。1952 年，22 岁的周孝先担任香港诚丰贸易公司董事长，并且开始总代理日本伊藤忠商事株式会社的业务，成为香港商界真正的青年才俊。随着业务的发展，1954 年周孝先与伊托曼公司（Itoman Corporation）在香港成立了一家合资企业，名为正丰贸易公司（Cheng Fung Trading Company），年仅 24 岁的他"少年得志"，事业上小有所成。1961 年，刚过而立之年的周孝先应邀加入伊藤忠香港有限公司，任伊藤忠株式会社香港支店高级顾问（主管棉花及原料部），这是他人生与事业上的又一个重要转折点，从此他便与这个公司结下了不解之缘，也因此遇到了他后来的人生伴侣胡秀莲女士。

　　当时周孝先在伊藤忠商事株式会社棉花部任部门经理，而青春靓丽、从日本留学归来的胡秀莲在总经理办公室任秘书。秉持先辈"大丈夫先立业后成家"的古训，周孝先心无旁骛一直忙于事业，不知不觉已过而立之年。"男大当婚，女大当嫁"，在传统观念中乃天经地义；娶妻生子、传宗接代更是伦理纲常。在父母的一再催促下，周孝先将婚姻大事列入了人生规划之中。

　　胡秀莲年轻靓丽，才貌出众，又是总经理秘书，身边自然不乏追慕者。但在那个年代，尽管是在颇受西方生活方式影响的香港，男女之间也不像现在这般开放。

　　由于工作关系，两人相识了。周孝先对这位年轻貌美的胡小姐几乎是一见倾心、再见钟情、三见就有些"魂不守舍"了。美丽又冷艳的胡秀莲令周孝先这位君子朝思暮想、魂牵梦绕。那一阶段，周孝先就像《诗经》中所描述的那样："窈窕淑女，寤寐求之。求之不得，寤寐思服。"用"爱而不见，搔首踟蹰"来形容一点也不为过。但从小受的家庭教育"男女授受不亲"的古训萦绕在耳畔，

20世纪90年代，周孝先、胡秀莲摄于香港

伉俪情深

他想要表达又有些腼腆，怕被拒绝后没有面子，但他知道姻缘可遇不可求，优柔寡断可能就与这段"天赐良缘"失之交臂了。经过苦思冥想，周孝先请公司运输部的一位同事从中牵线搭桥，邀请胡小姐出来喝咖啡。胡秀莲那时像一个高傲的公主，一般男人她根本不会理睬，经过周孝先的多次邀约，她终于答应先接触一下。

据胡秀莲女士回忆，当时的周孝先因忙于事业，无暇打理生活，

走过金婚的周孝先、胡秀莲夫妇

一日三餐也是凑合一顿是一顿，整个人看起来又黑又瘦，既不高大，也不魁梧，在她看来可谓才不出众，貌不惊人，而且年龄又比自己大不少，当时并没有为之动心。但随着接触与交往的深入，她发现在香港这个"花花世界"里，周孝先在工作上是一个"拼命三郎"，生活却非常简单，几乎没有其他男人所具有的嗜好，不抽烟、不喝酒、不去舞厅等娱乐场所，甚至连电影也不看，除了工作，几乎很少有个人的娱乐活动，平时吃饭最常吃的菜就是冬瓜炖鱼汤，过着"苦行僧"一般的生活。她慢慢发现，这是一个对人生既有规划又非常自律的男人，也是一个值得自己托付终身的男人。

经过一段时间的接触观察，胡秀莲更加证实了自己的看法，在周孝先的"攻势"面前终于放下了大小姐的矜持。"有情人终成眷属"，1966年二人结为夫妻。俗话讲，百年修得同船渡，千年修得共枕眠。岁月匆匆，携手相伴数十载，二人风雨同舟，祸福与共，相亲相爱，一起走过了"银婚""金婚"，酸甜苦辣咸，人生况味尽在其中。

无私奉献　以身作则

结婚以后，二人有了爱情的结晶，1967年女儿周崇洁在美国出生；1968年儿子周宗元在香港出生。按中国传统的说法，一个"女"字，一个"子"字，正好合成一个"好"字，儿女双全，可谓是福气满门、洪福齐天。

周孝先祖籍江苏苏州，据文史专家考证，苏州周氏这一支应该系宋代大儒周敦颐的后裔。周孝先的夫人胡秀莲，名字中正巧带有一个"莲"字，当初取名的时候或许是受周敦颐的名篇《爱莲说》的启发，取名为秀莲，期许她像圣洁、高雅的莲花一样有冰清玉洁的品质和高风亮节的情操。不仅如此，周孝先、胡秀莲夫妇还为爱女取名为"周崇洁"，表达了他们希望女儿追求莲花般的高洁品格，为爱子取名为周宗元，宗元固本，不忘传统，其中都寄托了他们夫妇对儿女的殷殷期望与浓浓深情。

周孝先与先祖周敦颐的理学思想与观念，超越时空竟然有着惊

周孝先（右三）在美国与女儿周崇洁（右二）、儿子周宗元（右一）及好友欢聚

人的相似之处。他像有君子之风的莲花一样，"中通外直，不蔓不枝，香远益清，亭亭净植"，磊磊落落地走过了自己不平凡的一生。

"自古雄才多磨难，从来纨绔少伟男。"严酷的社会现实锻造了周孝先自立、要强、吃苦上进的个人品格。"艰难困苦，玉汝于成"，不经历风雨怎会见彩虹，苦难也是一笔难得的财富。所有这些认知，都影响着他对子女的教育与培养。

"世间爹妈情最真，泪血融入儿女身。殚竭心力终为子，可怜天下父母心！"不为人父母，是很难体会这一点的。父母对儿女都抱有殷切期望，为了儿女长大成人，他们做出不求任何回报的巨大付出。孩子幼年时怕他饿着冻着；上学了，不管付出多大代价也要让孩子读好书；孩子毕业了怕他找不到工作；年龄到了，还要考虑孩子的婚姻大事……这就是为人父母者，这就是普天下的父母心，"可怜"二字用在这里，不光是对父母的怜悯，更是对父母的一种由衷敬佩，一种发自内心的感恩，一种对父母崇高美德的赞美。

像所有为人父母者一样，周孝先、胡秀莲夫妇对这一双儿女也投入了巨大的心血。

少年即离家拜师学艺，或许是过早缺少母亲照拂的缘故，当自己为人夫、为人父时，周孝先要求自己的妻子亲自带孩子，从小娇生惯养的胡秀莲放下了"大小姐"身段，像许多初为父母的人一样，一把屎一把尿，事无巨细，精心抚养着儿女，真正做起了"贤内助"，她几乎承担了家中的一切，不仅尽心尽力地培养儿女，而且让自己的先生安心在外面打拼事业。人常说家庭是一个人最好的学校，温馨有爱的环境哺育出一双优秀懂事的儿女。

周孝先在儿女教育方面十分注重其人格的塑造，他从小便教育孩子要自立自强，有意识地锻炼和培养他们的动手能力。人们常说"严父慈母"，在周家却正好相反。周孝先表面威严，内心却非常慈软，是一位"外刚内柔"的好父亲。他几乎从来不过问孩子们的学习成绩。"身教重于言教"，他认为"身教"才是教育孩子最好、最有效的方法。顽皮是大多数男孩子的天性，而且顽皮的孩子大多都聪明伶俐。周宗元在孩提时代是一个让大人不太"省心"的孩子，不是把衣服弄破了，就是把书包或课本弄丢了，因此也没少受到父母的"惩罚"。在周宗元的记忆中，与妈妈相比，爸爸打他较少，大多是"一打二吓唬"，重在口头训诫，而妈妈就不同了，妈妈更相信"玉不琢不成器，人不打不成才"，因此，每当自己有了过失，就免不了受妈妈的一顿"皮肉之苦"。她使用最多的是柔软的"兵器"：藤条、鸡毛掸子……打在儿身疼在娘心，妈妈的藤条往往是高举低落，一般都打在屁股和腿部。这种惩罚，既能通过"皮肉之苦"起到"触

童年时的周崇洁、周宗元姐弟

及灵魂"的惩戒目的，又不容易受伤。如今，宗元回忆起当年挨打的"糗事"总是报以羞赧的一笑。

　　孩子们在上中学的时候，周孝先夫妇便把他们送到美国教会学校去读书，一直读到大学毕业。当时周家的经济条件可以说是相当不错了，但周孝先夫妇仍要求他们在学习之余勤工俭学。周崇洁有幸在校长办公室谋到了一份做文秘的差事，工作相对轻松一些。周宗元就没这么幸运了，他去学校食堂帮厨，做助理厨师，每天要做五六百个煎蛋，一天下来累得腰酸背痛腿抽筋，虽说非常辛苦，但也

其乐融融的一家人

周孝先、胡秀莲夫妇
与女儿周崇洁、儿子周宗元

磨练了他自立自强的意志。学校的主厨刚开始还有些不放心，每到他工作时就瞪大眼睛紧盯着，后来看到周宗元越做越顺手，就放心了，到最后干脆就撒手不管了，乐得清闲，任由周宗元自己张罗，周宗元越发得心应手。周宗元在这段经历中体验到谋生赚钱不易的同时，也启发了他的商业头脑，每每想起这一段难忘的经历，他都心潮难平……

子承父业　薪火相传

完成学业以后，周宗元回到香港跟父亲学做棉花生意。他从父亲身上学到了以诚待人、吃苦耐劳、勤快上进的处世品质，但毕竟喝过洋墨水，受西方契约精神的影响，他与父亲的经商理念大相径庭。父亲受古老传统文化影响，认为"在家靠父母，出门靠朋友"，在社会上闯荡就应该"重江湖义气"，面子大于一切，与生意伙伴打交道，其秉持的原则是吃亏是福，宁可别人负我，我绝不负别人。

胡秀莲的务实做派不仅影响了周孝先，对周宗元的成长也产生了很大的影响。比如，婚前周孝先作为日本著名的商社伊藤忠的"高级棉花顾问"，已是事业小成，也积累了一些财产，但他为人处世豪爽，经常慷慨解囊借钱给朋友，而借出去的钱大多"石沉大海"般有去无回。婚后，在胡秀莲的坚持下，立下了规矩：凡借钱不还者，下次绝不能再借。因为胡秀莲认为，散财容易聚财难，如果只爱面子，就会陷入"无底洞"的深渊。但规矩归规矩，周孝先素来与人为善的"菩萨心肠"还时不时地驱使他"背着"夫人继续着助人为乐的事情。在理性、求实这一点上，周宗元深受妈妈的影响。

随着父亲周孝先年事增高，周宗元越来越被父亲委以重任，许

周孝先、胡秀莲夫妇与女儿、女婿及儿子的全家福照

多重要的项目都由他独当一面。周宗元也不负父望，将父亲开拓的实业经营得风生水起。

在旁人眼中，周孝先是一个非常老派的人，除了古董，对其他新鲜事物不感兴趣。其实不然，据周宗元回忆，除了古董，父亲与自己的诸多爱好都相同，而且他的许多爱好都是在父亲的影响下渐渐养成的。周孝先酷爱古典音乐，是一个资深的音响"发烧友"，收藏了许多老唱片；他非常喜欢拍照，由于工作关系，经常在世界各地飞来飞去，为了记录沿途的风景，留住那些美好的"诗与远方"，他陆陆续续购买了几十台徕卡等品牌照相机；"时间就是金钱，效率就是生命"，惜时守时是周孝先的一个良好习惯，因此他喜欢手表，

百达翡丽（Patek Philippe）手表　　喜爱摄影的周孝先

德国的徕卡（Leica）照相机

家中藏有许多名表，尤其喜爱工艺考究的瑞士品牌百达翡丽（Patek Philippe）；周孝先还喜欢汽车，喜欢开车驰骋在路上的感觉，喜欢风在耳边呼啸而过，向往自由穿行在山河之间。在几十年的驾驶生涯中，他从未发生过一起交通事故。

除了古董、家具、字画等，父亲周孝先的所有爱好如今都被周宗元继承了下来，尤其是在名车方面他更是颇富收藏经验，各种限量版的名车说起来如数家珍，可以说是一个名副其实的"汽车收藏家"。

以孝立身　言传身教

古人有云：树欲静而风不止，子欲养而亲不待。往而不可追者，年也；去而不可见者，亲也。这说明行孝要及时，要趁着父母亲人健在的时候，不要等到父母亲人去世后才后悔。孝心可传承，行孝需及早，在孝道方面，周孝先一家做出了榜样。

百善之首孝为先，养育之恩大过天。父母恩，永难报。孝心人人都有，但"顺"并非人人都能做到。周孝先就是一个既孝又顺的人，在亲朋好友眼中他是出了名的大孝子。

社会上流传得很广的一首《孝敬爹娘歌谣》就很好地表达了周孝先的心迹。这首歌谣是这样的：

父母恩情似海深，
人生莫忘父母恩，
生儿育女循环理，
世代相传自古今，
……

周孝先与父亲周子专
在一起

　　家是最小国，国是最大家。家风家教是一个家庭最宝贵的财富，家庭是孩子人生成长的第一课堂，父母是孩子人生的第一任老师，家风更是孩子成长最重要的营养环境。家风优良，人便如生活在芝兰之室，虽久而不闻其香，却已经与之相融，花香满衣；家风恶劣，便如入鲍鱼之肆，虽久而不闻其臭，却已经遭受熏染，遗臭万里。当今社会，一个家教好、有教养的人，其家训一定严格，家风一定也严谨。

　　周孝先出生在一个"忠厚传家、诗书继世"的书香门第，父亲周子专淡泊处世，与世无争，吃斋念佛不杀生，生活中是一个极其自律的人，最向往读书写字的文人生活。中国传统家庭中一般是"严父慈母"，故父亲对其要求极为严格。"绵世泽莫如行善，振家声还是读书"是父亲经常挂在嘴边的一句话，社会动荡，无奈世事无常，加之子女又多，作为长子的周孝先责无旁贷地挑起了帮父母养家糊口的家庭重担。生活在那个时代的人大都信奉"棍棒之下出孝子"的传统古训，所以周孝先也免不了承受父亲带给他的"皮肉之苦"。即便是这样，他对父亲的孝心在其一生中都没打过一丝折扣。

三代同堂——周子专及周孝先父子

时过境迁，你或许说他有些"愚忠愚孝"，但现在的年轻人怎会理解老一辈人的心思呢？

周孝先的孝，真是无愧于他的名字——"百行孝为先"，他从父辈身上传承下来的孝心，或者说接过的"孝心接力棒"，不仅代代传承，而且还将其发扬光大，某些时候甚至都有些"迂腐"……

周孝先教子女行孝，自己更是率先垂范，亲力亲为。随着时光

周子专与孙女周崇洁、孙子周宗元

的流逝，父亲周子专年事已高，体衰多病，经常需要住院治疗。常言说：久病床前无孝子。但作为儿子的周孝先亲侍床榻，端水喂药，无微不至，极尽天理人伦之道。

据家人回忆，周孝先对父亲周子专很是敬畏，到了言听计从的地步，他深知身教重于言教，不仅自己身体力行，而且还让儿子宗元依样学样。20 世纪 70 年代初期，刚刚四五岁的周宗元随父母回内地看望爷爷，在杭州灵隐寺游玩时，幼小的宗元便像个小大人一样牵着爷爷的手，为爷爷寻找座位，陪爷爷晒太阳，然后伸出稚嫩的小手帮爷爷捶捶走累的双腿。说一百遍不如实实在在做一次，在父亲周孝先言传身教的影响下，即便长成了大小伙子，周宗元也会像父亲一样为爷爷洗脚，不仅对爷爷，后来对父亲也是如此，洗脚、

周孝先、胡秀莲夫妇携家人与朋友在北京钓鱼台宾馆庆贺周子专老先生九十岁生日

擦背、喂饭、穿衣、剪指甲，悉心照料，一切的一切，都做得心安理得。

　　为了让父亲得到更好的治疗，周孝先把父亲送到国内最好的医院之一——北京协和医院治疗。在父亲病危之时，周孝先毅然决然地抛开一切商业活动，陪伴父亲走过了人生的最后一段时光。

　　"人生不满百"，在协和医院医护人员的精心照护下，周孝先的父亲得享高寿，最终度过了百年寿辰。周子专老先生辞世后，为了感谢协和医院的精心治疗，鼓励他们刻苦钻研，勇攀祖国医学高峰，周孝先以父亲的名义分别在北京协和医院医学部和香港设立了"周子专奖学金"，许多学子因此受到资助与鼓励。看到这么多优秀的学子受惠于此，如果周子专先生在天有灵也一定会感到慰藉的。

热爱生活　敬畏生命

周孝先生活非常简朴，平日粗茶淡饭足矣，但由于做的是国际贸易生意，经常与来自世界各地的商界精英打交道，在出席外贸活动时他非常注意仪表。注重仪表是讲究礼节礼貌的表现，对人对己都是一种尊重。仪表美使人与人之间在思想上、感情上更容易沟通，有利于增进友谊和相互了解。因此，周孝先外出与客人谈生意时，总是西装革履，头发梳得一丝不苟，颇有"绅士风度"。他认为一个人的衣着举止要得体得当，要像老规矩讲的那样"坐有坐相，站有站相"，这不仅是对自己也是对他人的一种敬重，从中也可以看出一个人的家教与修养。

狗是人类忠诚的朋友。周孝先喜欢宠物，自少年时期就非常喜欢养狗，他认为狗狗一辈子只有主人，可主人一辈子会有很多朋友。他是一个不折不扣的爱狗人士。美国著名剧作家尤金·奥尼尔说过："谁能不嫌你贫穷，不嫌你丑陋，不嫌你疾病，不嫌你衰老呢？谁能让你呼之则来，挥之则去，不计较你的粗鲁和无理，并无休止的迁就你呢？除了狗还有谁呢？"这段话或许说出了包括周孝先在内的所有爱狗人士的心声。不曾养过狗的人，很难想象与狗一起生活是什么样子；养过狗的人，则无法想象没有狗的日子该怎么过。周孝先曾养过许多种狗，可以说狗狗陪伴了他一生。

周孝先对狗的感情非三言两语可以讲得清。狗给他带来了一些挥之不去的伤感，也给他的人生带来了许多快乐。他在苏州吴中区东山镇居住时曾养过一只看家护院的藏獒，后来它生病了，多方求医却始终医治无效，看着自己辛苦养大且朝夕相处的爱犬因病痛而被折磨得痛苦不堪的样子，万般无奈之下，周孝先只好为其选择"安乐死"。当他看见一条曾经活蹦乱跳的生命就这样逝去时，不禁老

怀抱爱犬的周孝先

泪纵横……

　　周孝先不仅热爱生活，而且具有环保意识，别人扔掉的一些东西，在他手中就可能"化腐朽为神奇"，"变废为宝"。比如一个可乐瓶子，他可以把它剪成一个花洒，一块在别人看来很不起眼的石头经过打磨会成为他的案头清供……在他看来，万物皆可为我所用，上天馈赠给人类的东西，人们应当爱护珍惜，物尽其用，不可暴殄天物，更不能糟蹋、浪费，这种节俭朴素的习惯陪伴了他一生。

悲天悯人 慈善为怀

周孝先对客户和生意伙伴非常好，对自己的员工和萍水相逢的路人也一样好。

虽然由于商业往来他见识过许多珍馐美味，但有一样食品他是百吃不厌的，那就是豆腐。豆腐不仅营养丰富，而且还有清热润燥、补充钙质、提神醒脑、防癌抗肿瘤和补血养颜的功效与作用。瞿秋白在《多余的话》中这样写："中国的豆腐也是很好吃的东西，世界第一！"

的确，在中国，没有吃过豆腐的人恐怕没有，很少有人不喜欢吃豆腐。苏州东山的豆腐对周孝先而言，其美味胜过了世上的任何山珍海味。豆腐入口软糯，便于消化，周孝先年轻时便喜欢吃豆制品，随着年龄的增长，对豆腐的喜爱也与日俱增。在苏州吴中东山居住时，有一位卖豆腐的女商户，豆腐做得又鲜又嫩，美味可口，人也长得眉清目秀。周孝先经常让人买她家的豆腐，一来二去时间久了，便熟络了起来。这位女商户所做的豆腐成为周孝先餐桌上经常出现的"美味佳肴"，他戏称这位女商户为"豆腐西施"，不仅经常照顾她的生意，而且还请知名书法家耿军专门为她题词。是啊，周孝先与太太胡秀莲一样，不管美食还是美景，大凡美好的事物他都喜爱。

周孝先不吸烟不喝酒，喝茶却是他一生的嗜好。他对各地的茶都很喜爱，除了杭州的西湖龙井、苏州的碧螺春，还偏爱安徽的毛峰。他生前经常购买被国画大师黄宾虹盛赞为"黄山毛峰第一家"的谢裕大茶庄的茶叶。

谢裕大茶庄的前身为创办于1875年（光绪元年）的"谢裕大茶行"，缔造者为晚清制茶专家谢正安，其创制的"黄山毛峰"被载入史册，"谢裕大茶行"更是因此声名鹊起。19世纪末20世纪初，

喜欢品茗的周孝先

周孝先请书法家耿军题写的"豆腐西施"

谢裕大茶行遍布九州各地，又通过外商洋行将茶叶销售到亚洲各地与西欧，有"名震欧洲四五载"之美誉。晚清洋务重臣张之洞欣赏其诚信经营的理念，亲笔题写"诚招天下客，誉满谢公楼"；新安画派大师黄宾虹也盛赞"谢裕大"为"黄山毛峰第一家"。谢裕大茶行，实为茶行之翘楚，亦为安徽茶业中的"中华老字号"茶庄。周孝先是谢裕大茶庄的老主顾，他以实际行动支持民族产业，不仅自己经常购买，而且还向朋友引荐，并带朋友去品茶、购买，被茶庄老板称为"周善人"。

周孝先对茶叶有着比较深的见解。据他的挚友及伙伴刘世镛回忆，周先生曾经教过他如何泡龙井茶和如何品尝，什么"头道水，二道茶，三道四道是精华"，讲起来头头是道，令人佩服。印象尤其深刻的是当年他们在"小扁担励学行动"的旅程中，周先生喜欢去寻找所在地的茶叶，他说山区农家自己种的茶，一般不会用农药，喝起来特别安全也特别有味道。

据周孝先的胞弟周孝骏回忆，周孝先为人和气，做事非常严谨，丁是丁，卯是卯，是非观念特别强，慈行善举、助人为乐是他的处世习惯。20世纪80年代，香港国际棉业有限公司在北京新侨饭店设立了办事处。当时，"万元户"是富有的代名词，也是一个令人羡慕和向往的称谓。周孝先曾为北京建国街道办事处捐款1万元，用于街道办公等基础设施建设，这笔钱在当时可谓是"大手笔"，帮助街道办解了燃眉之急。

在北京期间，建国街道办事处对门有一个卖大饼的老奶奶。见她白发苍苍、弓腰驼背辛苦操劳的样子，周孝先怜悯之心油然而生。他自己虽是南方人，不太爱吃面食，但为了照顾这位老人家的生意，特意让人买她的大饼，一买就是一大堆。有时见天色已晚，为了让老奶奶早点收摊儿回家，还经常将剩下的大饼全部买下，然后分给

国际棉业有限公司位于香港的办公地点

大家共享。

　　还有一件事虽小，却反映了周孝先的慈善之心。

　　清明节是人们慎终追远、缅怀先人的重大传统节日，扫墓祭祖与踏青郊游是这个节日的两大礼俗主题。周孝先前往东山周氏墓园祭扫时，路过江南水乡角直，偶然路遇一位衣衫褴褛、神志似乎也有些不清的老奶奶，见她孤苦无依的样子，周孝先当即掏出 200 元，让她去买些吃的。清明节一年一度，周孝先一年一来，每每路过此地，他都停下来看看这位老奶奶，然后留下一些钱。似乎是一种约定，每年这个时候，这位老奶奶就像在等待一位老朋友一样静静地坐在那儿，等待着周先生出现。

　　有一年，周孝先扫墓时又路过此地时，却不见这位老奶奶，一打听才知老人已经故去。此情此景，天地悠悠，人生无常，何人不是过客，周孝先不禁生出了无限感慨！

"一粥一饭，当思来之不易，半丝半缕，恒念物力维艰。"周孝先总是用这句古训来告诫子女和员工，他对自己非常节俭，对有需要的人总是急人之所急，慷慨解囊。他常说，穷时帮一口，胜过富时帮一斗。当年他曾资助一位考上大学却无力承担学费的学生 2100 美元，"江湖救急，日后奉还"，虽有借条为证，但是随着时间的推移，由于各种原因，此事最终不了了之。那可是 20 世纪 80 年代的 2100 美元啊！钱虽没有还，但那个青年人的学业没有被耽误，周先生说自己做善事的目的已经达到了。

周孝先是一个很自律的人，他以身作则，对自己要求很严，甚至有些严苛，对身边的人却严中有关爱，当年他得知自己的下属员工中的一位安徽阿嫂家庭困难时，便无私地伸出援手，慷慨解囊，资助她的孩子王京生读书升学、考取驾照，并最终助其考上了苏州的大学。凡此种种，可见其博爱仁厚之心。

生活中类似的故事，在周孝先的一生中不胜枚举。

20 世纪 80 年代的一份
"欠据"

胡家精英　业界翘楚

胡秀莲是周孝先生活中的伴侣、事业上的得力助手，既是贤妻，又是良母，说她"里里外外一把手"一点也不过分。正如亲戚们所言：她是家中的"女强人"，在家中像"国宝"大熊猫一样重要和珍贵。

提到与周孝先风风雨雨相伴了数十年的胡秀莲，接触过她的人几乎是众口一词：胡秀莲是"入得厨房，出得厅堂"的"女中豪杰"。她则戏称自己是"女汉子"。在生活中，她不仅扮演着"贤内助"的角色，而且里里外外都能助周先生一臂之力，她是周先生的终身伴侣，更是事业上最放心的伙伴与助手。如果说国有国宝，家有家宝，那周太就是周家实至名归的"家宝"。

胡秀莲祖籍浙江宁波北仑区新碶街道许胡村。父母没有多少文化，却是生孩子的"大户"，前后生养了 12 个小孩，由于当时的医疗和生活条件有限，最后存活了 6 男 3 女兄妹 9 人。胡秀莲的父亲没读过什么书，算是苦出身，但却脑瓜灵活，勤劳能干，曾做过海员，积累了一些钱财与资本。据胡秀莲回忆，1940 年她出生时父亲已经开了 18 家店铺，杂货店、炒货店、缝纫店等，经营的范围除日用百货外，旁及颜料、卷烟、玻璃、煤油、奶制品以及一部分家用常备药品如万金油、八卦丹等。胡秀莲的父亲胡国章像其他宁波商人一样，生活和处事比较低调，不事张扬，即使腰缠万贯，衣着也不奢华。只要有生意可做，便一概涉足，大钱要赚，小钱也要赚，别人不屑去做的，他也愿意去做。而且，他还善于捕捉商机，往往能从别人不太注意的小地方着手去开创一番事业，这些都是宁波商人的精明与能干之处。

胡秀莲母亲虞凤仙的娘家是开马车行的，家境相对殷实。母亲虽读书不多，却是一个智商和情商都很高的人。她操持家务的能力超强，过日子精打细算，把家庭生活打理得井井有条。胡氏兄妹后来在不同领域都取得了令人刮目相看的不凡业绩，大都是遗传自父母的优秀基因。1950年，胡氏兄妹随母亲来到香港，他们的人生从此翻开了不同寻常的一页。

胡秀莲兄弟姐妹9人都非常优秀，他们中或是商业精英，或是顶尖的医师、科学家，在各自的领域都做出了不凡的业绩。

胡秀莲1940年2月24日出生，在姐妹中排行老三，小学、初中在香港德明学校读书，高中毕业于香港培英中学。宁波人都喜欢在外闯荡，长兄胡流浩东渡扶桑，早早去了日本神户谋生。作为长子长兄，似乎有一种与生俱来的责任感，他与周孝先一样过早地挑起了帮助父母照拂弟弟妹妹的重担。为了尽可能地减少开销同时也有人照顾，19岁时胡秀莲考取了日本神户女子大学，投奔了胞兄胡流浩与嫂嫂周美英一家。

日本神户女子大学，是1940年建立的日本私立大学，学校简称为"神女"。在那个时代父母能让一个女孩子远渡东洋去读书，的确有着不同寻常的超前眼光。1964年，胡秀莲以优异的成绩毕业，这段海外求学经历对其后来的人生和事业产生了很大的影响。

胡秀莲的哥哥胡流浩身上带有典型的宁波人的特点，吃苦耐劳，兢兢业业，生活朴素节俭。初到日本时他一句日语都不会讲，白手起家，楼上居家，楼下开店，为了省钱，经常自己蹬着人力三轮车不辞辛劳地从城东到城西送货，累了就歇一歇，饿了就简单地吃一碗面。日子虽苦，但他慢慢地从无到有、从弱到强，将生意做大做好，在旅日华人中树立了威信，最后成了日本神户的华侨领袖。

胡秀莲的嫂嫂周美英为人贤淑温婉，任劳任怨，非常贤惠，是一个尽职尽责的"贤内助"。兄嫂的为人处世让胡秀莲心生敬畏，他们一言一行都深深地影响了她的一生。

胡秀莲女士绝对是一个拿得起、放得下的女性，多年来她协助先生周孝先打理生意，照顾家庭，付出了常人难以想象的辛劳。如果不是更多地担起了养儿育女的重任，她完全可以成为一个独当一面的商界女精英。出于对她的尊重和敬意，表彰她在对美商贸交流中所发挥的积极作用，1986 年 5 月 21 日，美国田纳西州孟菲斯市向她颁发了荣誉市民证书。本来周孝先也可以获颁此证，但低调的他婉言谢绝了，他认为一家之中有太太获此殊荣就足够了。

胡氏兄妹身上带有明显的"宁波帮"的重要特质。

提到"宁波帮"不妨赘言几句。"宁波帮"是特定历史条件下的产物。历代"宁波帮"无论身处何地，都能将家国天下系于一身，折射出"知行合一、知难而进、知书达理、知恩图报"的品质。

宁波帮的特点是"勇创大业"。有一句话说："无宁不市"，这反映了宁波人的创业精神。创业，既要有宏大长远的目标，又要有坚忍不拔的实干精神。

"宁波帮"人士知恩图报，他们家国天下，造福桑梓。心无旁骛，潜心实业，是"宁波帮"工商文化的特点。

香港与上海是中国的两颗"东方明珠"，也是宁波商人聚集的中心，其中不乏名商巨贾，他们身上流溢着"宁波帮"的熠熠光彩。

作为宁波人的胡秀莲及其家人就具备了"宁波帮"的一些共性特点，譬如抱团经商、吃苦耐劳、永不言弃、做事低调、知恩图报、热心公益。

胡秀莲的三哥胡流泳，早年毕业于同济大学土木工程专业，是纺织工业部的专家，曾任香港群雄贸易公司董事长、丸红香港有限公司高级顾问。胡流泳之子胡裔康出生在北京，20 多岁时到香港发展，是香港华帆有限公司总经理、甬港联谊会副会长，同样也非常热心家乡的公益事业。

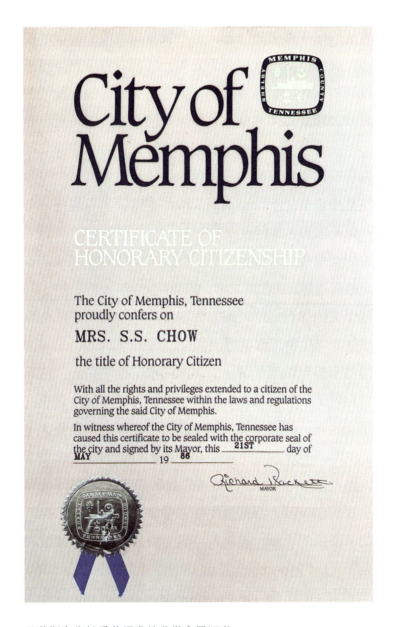

City of Memphis

CERTIFICATE OF HONORARY CITIZENSHIP

The City of Memphis, Tennessee
proudly confers on

MRS. S.S. CHOW

the title of Honorary Citizen

With all the rights and privileges extended to a citizen of the City of Memphis, Tennessee within the laws and regulations governing the said City of Memphis.

In witness whereof the City of Memphis, Tennessee has caused this certificate to be sealed with the corporate seal of the city and signed by its Mayor, this ___21ST___ day of
___MAY___ 19 __86__

Richard Rackett
MAYOR

孟菲斯市为胡秀莲颁发的荣誉市民证书

胡秀莲的二姐胡秀英曾为香港宝血修女会会长，在香港和台湾等地做了大量的公益事业。

胡秀莲的三个弟弟胡流源、胡流波与胡流清，当年远渡重洋去美国留学，交完学费三人只剩下五美元，面对着学业与经济的双重压力也没有被压倒。板荡识诚臣，困厄出英才。他们发愤图强，如今都已是社会精英，尤其是大弟胡流源已成为美国乃至世界医学界的翘楚。

胡秀莲的二弟胡流波为美国西雅图城建总工程师，许多美轮美奂的建筑都出自他之手；小弟胡流清在美国医学界也是一个响当当的人物，是美国知名基因治疗学家。

大弟胡流源在美国医学界是一个旗帜式的人物。1950 年，胡流源随母亲移居香港，并在港求学。20 世纪 60 年代初，他赴美国留学，先后就读于美国加利福尼亚州立大学奇科分校和华盛顿大学，1971 年获华盛顿大学生物工程学博士学位。1991 年开始，胡流源先后当选为美国国家科学院医学院士、美国国家工程院院士、国际奥林匹克学院首批院士……他曾先后担任全美骨科研究学会会长、全美生物力学学会会长、美国机械工程学会生物工程分会会长、国际骨伤康复学会主席、美国医学及生物工程学研究院首任院长。

胡流源是在国际上有广泛影响的著名学者、杰出的华人科学家，为国际生物医学工程，特别是生物力学学术交流、技术推广和人才培养做出了杰出的贡献，被称为"肌肉骨骼生物力学和组织工程领域的巨人"（Dr. Woo is a giant in the field of musculoskeletal biomechanics and tissue engineering.）［时任匹兹堡大学斯旺森工程学院临时院长桑吉耶夫·史洛夫（Sanjeev Shroff）的评语］。

鉴于胡流源院士的学术成就及国际影响，许多权威机构还以胡流源的名字命名奖项、举办讲座。

胡流源教授

胡流源转化生物工程纪念章 [美国
机械工程师学会（ASME）（世界
上最大的工程学会之一 ）授予胡
博士以他的名字命名的奖章——
Savio L-Y.Woo 转化生物力学奖
章。该奖章每年颁发一次]

　　胡流源教授不忘乡梓，曾多次回老家省亲祭祖。他热心学术，
近些年积极参加一些学术交流活动，与浙江大学和故乡的宁波大学
有着很深的缘分，曾应邀在浙江大学、宁波大学等高校演讲或作学
术报告。曾经接待和聆听过胡流源教授讲座的时任浙江大学国际联
合学院（海宁国际校区）院长欧阳宏伟对胡教授钦佩有加，他曾动

2016 年 4 月 1 日，胡流源教授做客浙江大学海外名师大讲堂（胡教授自 2015 年起担任浙江大学名誉教授，自 2016 年起担任宁波大学包玉刚讲座教授）

胡流源教授在浙江大学国际联合学院（海宁国际校区）作报告

2019 年 11 月 12 日，胡流源（左四）偕同夫人张德洁（左五）和侄子胡裔康（左一）到宁波北仑新碶街道许胡村省亲

情地说："胡先生治学严谨，在学界声望很高，这样一个'天花板级'的人物，却生活简朴、为人谦逊，为后辈学者树立了榜样，堪称业界楷模。"

如今胡秀莲女士继承周孝先遗愿，慷慨捐赠浙江大学，襄助浙江大学的教学与研究，由此可见，胡氏姐弟与浙江大学有深厚的情缘。

在周孝先先生去世以后，自以为非常坚强、非常豁达的胡秀莲内心却再也坚强不起来了，夜晚经常失眠、焦虑，不借助药物几乎不能安然入睡。是啊，毕竟是相濡以沫一起走过金婚的夫妻，当年

胡秀莲女士与几位兄弟欢聚合影

胡流源陪同胡秀莲参观浙大艺博馆

胡秀莲作为周孝先生活上的伴侣、事业上的得力助手，二人风风雨雨走过了数十个春秋，其中的甘苦和辛酸只有二人才能体味。她认为只有把先生的爱国爱乡情怀传承下去，把他未竟的公益慈善事业继续下去，唯此方能告慰周先生的在天之灵。

树高千丈，叶落归根。在中华传统文化中，人们对故乡的眷恋似乎是与生俱来的，故土难离是刻在基因里、流在血液中的一种情愫，同时也是对于"归属感"的一种情感追求。无论身处何地，不管是天涯海角，还是客居异国他乡，故乡都是割舍不下的一个情结。在他们心中，百年之后，故土才是灵魂最好的栖息地。

中国人对祖先的崇拜与生俱来，我们逢年过节都祭奠祖先，而祖坟、家庙就是敬奉祖先的最佳表现形式，其实这也是一个家族、一个民族的文化向心力与凝聚力所在，因为有祖先在、祖坟在，人们便会心有所依、魂有所归。

"树高千丈也忘不了根"，在这一点上，胡家与周家一样，无论族人飞得多高，走得多远，对先祖的追思、对故土的眷恋都深深地烙在了他们的心中。

胡氏祖屋在宁波市北仑区新碶街道许胡村，胡氏祖坟原在北仑区，1985 年迁到了鄞州县（今鄞州区）华侨公墓。2016 年 11 月，经过家人商议，胡氏兄妹决定在家乡宁波东钱湖购买"胡氏墓园"作为胡氏家族百年之后的归居之所。墓园背山面湖，风景秀丽，交通便捷，是一块"风水宝地"，既是逝者理想的安息之地，又是缅怀先人的追思之地。

如今的宁波市鄞州区东钱湖镇象坎村三面环山，交通便利，物产丰富，人杰地灵，百姓和谐，但在 20 世纪八九十年代象坎村饮水却很不方便。了解到这种情况后，1991 年，胡氏家族在当时宁波市侨务办公室许雍章科长的协助下，慷慨解囊捐建了"象坎村居民自

胡氏墓园

2016 年购买胡氏墓园的票据

来水工程"。从此，该村的水质得到了大大改善，村民们用上了渴盼已久、清澈甘洌的自来水。饮水思源，象坎村村民特意在村旁醒目之处建造了"如归亭"，并在亭旁树碑，以此铭记和感念胡氏家族造福乡梓之善举。

坐落在象坎村的"如归亭"

情系桑梓 造福乡里

周孝先是宁波姑爷、浙江女婿，他的公司与浙江的经贸往来由来已久，由于其影响力和对浙江经济发展所做的贡献，曾多次被聘为浙江省海外交流协会名誉顾问。

1999 年 6 月，周孝先被浙江省海外交流协会聘为第三届理事会名誉顾问。

2004 年，周孝先被聘为浙江省海外交流协会第四届理事会顾问。

2009 年，周孝先被聘为浙江省海外交流协会第五届理事会海外顾问。

名誉顾问证书

2014 年，周孝先被聘为浙江省海外交流协会第六届理事会顾问。

香港是"宁波帮"最聚集的地区，享誉海内外的"宁波帮"有半数集中在香港。改革开放以来，广大"宁波帮"人士积极响应邓小平同志"把全世界'宁波籍工商界人士'都团结起来建设宁波"的号召，以爱国爱港爱乡的巨大热情，情系桑梓、造福乡里，为甬港两地的建设与发展做出了巨大贡献。

甬港之间具有良好的合作基础：一是甬港人缘相亲、文化相通；二是甬港有很深的历史渊源，交往甚密；三是甬港地域相近、交通便捷。

2002 年 7 月 14—16 日，在香港顾国华、李达三先生等"宁波帮"人士的倡议和竭力推动下，由宁波市人民政府主办，香港贸易发展局、宁波旅港同乡会等共同协办的"首届甬港经济合作论坛"在宁波隆重举行。

时任香港特别行政区行政长官董建华和时任浙江省省长柴松岳分别为论坛题词祝贺。甬港两地和北京、杭州的政府有关部门负责人、企业家、专业人士等 1200 余人参加论坛，其中来自香港的嘉宾就多达 166 名。

时任中央人民政府驻香港联络办副主任刘山在称论坛"一炮打

响，开了个好头"。

人民日报、新华社、中央电视台及港台媒体等 30 余家新闻单位的 80 余名记者与会，共刊（播）发了各类新闻稿件、专题（专访）报道、图片 350 多篇（幅）。

时任香港金融管理局总裁任志刚先生也来宁波参加了论坛，"宁波女婿"周孝先作为"幕后英雄"牵线搭桥、献言献策，付出了不少心血。

任志刚在香港金融商界是一个举足轻重的人物，平时非常繁忙。按行程安排，彼时他刚好要去国外参加重要会议。宁波市侨办想到了热心肠的周孝先，于是请这位"宁波女婿"出马斡旋。在周孝先的恳切请求和盛情邀请下，任先生终于应允，会议一结束就从国外马不停蹄地赶赴宁波。周孝先冒着酷暑亲自到机场去迎接。当他得悉任志刚总裁由于劳累和天气炎热病了，便在迎接途中提早打电话告诉宁波侨办的负责人，细心叮嘱要准备好可能需要的药物。陪同入住宾馆后，周孝先嘘寒问暖，在饮食起居上尽可能地做到了细致周到。任志刚总裁最终抱病出席了首届甬港经济合作论坛，从发出邀请、协调、沟通到接待，周孝先始终亲力亲为，热情、认真、仔细、专注、殚精竭虑，不遗余力地帮助论坛成功举办。

宁波市侨办原副主任朱筠筠介绍说，首届甬港经济合作论坛期间，作为"宁波女婿"的周孝先先生已经年逾古稀，却像年轻人一样精力旺盛，尤其是在邀请香港重要人物上厥功至伟，为甬港经济论坛的成功举办立下了汗马功劳。周孝先做事一向低调，不喜欢抛头露面，总是在幕后默默无闻地做了大量的工作。

同时，周孝先也非常关心宁波的对外交流工作，他对宁波侨务系统信息化提出了很多建设性的意见。据宁波市侨办原主任邹建伟回忆，周孝先从 2000 年起应邀担任宁波市海外交流协会的顾问，

浙江省海外交流協會登記表

姓名（中文）	周孝先	姓名（外文）	Chow Shou Shen, Charles		
出生年月日	1930年4月20日	國籍	中國	性別	男
擔任社會工作名稱			職務		
單位名稱	國際棉業有限公司		職務	主席	
通信地址	香港中環雪廠街二號聖佐治大廈603室				
傳真	852 - 2810 5869	電話		852 - 2522 1162	
國內手机	沒有	國外手机		沒有	
電子郵箱	sschow@rawcott.com				

簡歷	
1948至1952年	王福隆棉行業務經理
1952至1960年	誠豐貿易公司董事長（總代理伊藤萬商事株式會社）
1961至1972年	伊藤忠株式會社香港支店高級顧問（主管棉花及原料部）
1973至現在	國際棉業有限公司主席
	新疆天山毛紡織股份有限公司董事（公眾股份有限公司）
1978至1984年	按王震副主席的委托，引入美國、澳州科學種棉技術，在石河子148農場種11,000畝棉花試驗田，爲新疆棉花種植建立牢固的基石

援頒新疆維吾爾自治區榮譽市民

歷任新藝有限公司（北京長城公司合營）董事長及
立森有限公司（華潤集團有限公司合營）董事長；

現任新疆天山毛紡織股份有限公司董事；
香港國際棉業有限公司、國際棉業控股有限公司、
國際棉業企業有限公司、綾羽國際有限公司、
仁高實業有限公司、仁高投資有限公司主席 董事長

以个人名义入会（ x ）		以社團名義入会（ ）		
本人簽名	*（签名）* 周孝先	2009年 2月 27日		
社團意見		浙江省海外交流協会意見	省僑辦意見	
	（蓋章） 年　月　日	（蓋章） 年　月　日	（蓋章） 年　月　日	

周孝先填写的登记表

周孝先与内弟（右一为胡流源、左一为胡流清）在一起

周孝先、胡秀莲夫妇与胡氏家族的大合照

不仅在百忙之中抽出时间积极参加宁波方面组织的各项活动，还尽心尽力地为宁波的对外交流工作出谋划策。2000 年下半年他就提出信息滞后的问题：传真与国际长途发挥的作用已远远跟不上信息化时代的步伐了，如今的商业贸易都非常讲究高效性与即时性，而互联网就是不可或缺的重要工具，侨办作为对外联络的重要窗口，必须配备电脑，与世界互通，才能提高工作效率，适应新时代信息化社会发展的需要。鉴于他的这个建议，宁波侨办立马着手规划，整合资源，在三年之内率先实现了办公自动化。周先生的一个提议，直接带动了宁波侨务系统信息化的重大变革，大大地提高了侨办的工作效率。

第五章　棉心暖世　情系天山

棉业大亨　实至名归

> 可织布来可纺纱，胜却蚕丝赛葛麻。
> 花开犹如雪皑皑，采棉更是景如画。
> 自然环保济世人，衣被棉絮暖天下。
> 华北新疆大棉田，沃野处处开奇葩。

诗人张志真这首浅显晓畅的《咏棉花》诗生动形象地描绘了棉花的特性与实用价值。

周孝先与棉花打了一辈子交道，可以说是"择一事而终一生，无怨无悔"。

20 世纪 40 年代中期，年方十五、懵懂年少的他拜当时的"南通棉花大王"王晋杰为师，边学习文化课，边学习棉花生产及经营的相关知识，从此与棉花行业结下了不解之缘。他凭着悟性与勤奋，从识别棉花的优劣开始到怎样种棉花、种好棉花，再到棉花怎么纺成纱、织成布，以及怎么建工厂、搞营销、开拓市场，如何有效地管理工厂和公司，都进行了系统地学习，这为他以后在棉业界大显身手奠定了坚实的基础。

周孝先先后出任香港王福隆棉行业务经理、诚丰贸易公司董事长，总代理日本伊藤忠商事株式会社的棉花业务，后又任伊藤忠株式会社香港支店高级顾问，主管棉花及原料部，成为业界的佼佼者，是名副其实的行业翘楚。

人们常说要成就一件大事，既要"天时"，也要"地利"，更要"人和"。正因为有了这些平台，周孝先才成为我国棉业界具有国际视野与超前眼光的大咖。在日本公司负责棉纱业务和国际贸易的过程中，他不仅了解了世界棉业的发展趋势与前景，也大大提升了做大做强的信心与决心。1973 年，周孝先成立了香港国际棉业有限公司，并出任主席。凭借着诚信经营，赢得了很好的口碑与声誉，他在棉业界名声日隆，在业界创造了多个奇迹。

多年来，周孝先始终坚持讲诚信、重信誉的宗旨，他生前曾多次讲过，只要打一个电话，价值数千万美金的棉锭就能成交。据胡秀莲回忆，在 20 世纪 70 年代，价值 1 亿美元的棉花订单，在无定金、无担保的情况下，周孝先凭借其个人信誉便可使对方接受货到后再付款。甭说是那个年代，就是在现在 1 亿美金也是一个天文数字！由此可见周孝先的为人处世和他在业内的信用地位。

周孝先曾成功推动卡尔科特有限公司（Calcot Ltd.）以第一家美国棉农合作社的身份正式与中国进行贸易活动。澳大利亚最大的棉农合作社名井公司（Namoi Corporation）也是通过周孝先牵线与北京中国纺织品进出口总公司签订了进口澳大利亚棉花合同。

周孝先的超前意识与诚信经营令其朋友遍天下，结交了美国、澳大利亚、巴基斯坦、日本等国家的"棉业大王"，超强的人脉与运筹帷幄能力，使他在国际棉业界名声大振。

1978 年，当时国家分管农业和农垦的副总理王震接见周孝先，希望其利用自身的优势积极协助新疆的经济发展，周孝先欣然接受了这个历史使命，决定迎接新的挑战。

周孝先不负厚望与重托，不辞辛劳多次奔赴新疆，利用自己一切可以利用的资源开始为新疆引进外国优质棉种和先进的种植技术及机械设备发展棉花产业，创造了新疆生产建设兵团石河子 148 团场 11000 亩试验田"合作植棉"的奇迹，为新疆以后的棉花种植打下了坚实的基础。

周孝先身体力行，积极引进日资棉毛纺织企业，推动中日民间经济、文化及科技的交流。他牵头成立了中国改革开放以来第一家中外合资的毛纺织企业——新疆天山毛纺织有限责任公司（简称"天山纺织"）。

新疆优质棉业发展的历史，周孝先有开拓之功。新疆种棉令其终生难忘，种棉之举功德无量。然而，种棉之路却是筚路蓝缕，举步维艰。

荒原戈壁 燃情岁月

我国新疆维吾尔自治区有 2000 多年棉花种植的历史，但在生产力低下的漫长岁月里，种植手段落后、品种单一、品质退化，棉花只是众多农产品中的一种，根本满足不了人民生活的需要。新中国成立后，新疆棉业格局有所改变，但由于沙漠化的贫瘠土地和相对落后的生产技术，新疆没有从根本上改变棉业发展落后的状况。20 世纪 70 年代末，全中国的棉花产量统计中新疆几乎是忽略不计的。后来却发生了戏剧性的改变，新疆棉产量上升，出口可创巨额外汇收入，产量充足令中国纺织业迅速扩大，成为中国最大的产棉区。新疆棉业及棉纺业在世界上日益具有举足轻重的地位，产量多、品质优的新疆棉花的价格在国际市场上一路走高。新疆棉纺织业蓬勃发展，这些变化离不开许多有识之士做出的卓越贡献，其中周孝先的名字是不能被忘记的，他正是这历史巨变的开拓者之一。是他用自己的辛劳和智慧在新疆的大漠荒野播撒下了希望的种子，是他同当时国家分管农业的领导和新疆生产建设兵团的官兵们一起开创了新疆棉业发展的新篇章。

新疆流传着这样一句话：中国棉花看新疆，新疆棉花看兵团。当年，王震将军带领 10 万名解放军战士驻守新疆，铸剑为犁，屯垦戍边，集中精力抓棉花生产。

与周孝先合作植棉的农八师 148 团场地处莫索湾中心，位于中纬度西风带欧亚大陆中部，冬季严寒，夏季酷热，是自然条件极其恶劣的地方。1957 年，军垦大军进驻石河子莫索湾，以战天斗地、人定胜天的精神克服各种困难，大面积种植棉花。曾任新疆生产建设兵团第一政委、党委第一书记的王恩茂批示"莫二场（八师 148 团场）要把棉花农场的红旗永远高高举起"，成为鼓励全体农场职工的奋斗口号。

经过艰苦卓绝的建设改造，148 团场的棉花产业虽有提升，但棉花产量较低、品种单一、种植方式相对落后，随着时代的发展，人们对棉花品质的要求越来越高，其机械化程度不高、科技含量偏低等短板愈发凸显。突破瓶颈、升级换代成为新疆棉业发展的当务之急。

不辱使命　迎难而上

中央政府对新疆发展极为关心，中央财政长期提供特别援助及政策支持，希望通过重点项目的突破带动新疆的全面经济复苏与发展，包括石油、棉花及纺织等。大面积推广种植棉花成为新疆发展经济的一项战略举措。

周孝先深知在新疆种棉已属不易，让优质棉在新疆生根、发芽、开花、结籽更是谈何容易。他利用自己与国外棉农组织建立起的紧密贸易合作关系，尽力寻找多种方法和形式，谋求突破新疆棉业的发展瓶颈，以求获得更大的发展。

周孝先从年轻时期就养成了不服输的精神。"明知山有虎，偏向虎山行"，他决心要挑战一下。周孝先放下手中其他业务，以壮士断腕的气概，义无反顾地来到了新疆石河子148团场。这段"合作植棉"的经历成为他棉业生涯中最为难忘的"高光时刻"。

揽众英才 植棉新疆

时势造英雄，英雄也造时势。老天总是垂青那些有准备的人，可以说周孝先选择了新疆棉业，同样新疆棉业也选择了周孝先。

周孝先努力调动一切可以调动的关系，疏通一切可以疏通的环节，广邀天下棉业精英，为新疆棉业的发展不遗余力。这一时期，属马的周孝先就像一匹不知疲倦的骏马一样，马不停蹄地驰骋棉海，每走一步都留下了一个曲折的故事。

1977年，澳大利亚最大的棉农合作社名井公司（Namoi Corporation）通过周孝先与中国纺织品进出口总公司签订了进口澳大利亚棉花的合同。但当年棉花采收期间，澳大利亚天气反常，部分棉花质量发生变异进而影响了纺织品质量。周孝先为了国家利益，以民族大义为重，不远万里、不辞辛苦多次奔走于中澳两国之间，想方设法协助双方解决所遇到的难题。经过多次磋商，终于达成了双方都能接受的圆满解决方案。根据国际棉花买卖合同条款及惯例，澳大利亚公司仍需支付给周孝先佣金及费用，但周孝先考虑到澳大利亚棉农受天气影响而承受的经济损失，仅象征性地收取了 2 万美元，并将此款项捐赠给教会用于公益慈善。俗话说：人心热，能化铁。周孝先以诚相待，将心比心，澳大利亚棉农合作社对他的诚意与友善十分认可并为之感动。随后，周孝先肩负使命，按照政府的要求协助新疆种植棉花，与澳大利亚名井棉农合作社的主要成员逐一接触，最终说服其派员来新疆进行技术交流及协助种植棉花。

美国作为当时全球最大的棉花出口国，其在棉业界的影响力不可小觑。周孝先极为推崇美国得州最具影响力的棉花公司霍亨伯格兄弟公司（Hohenberg Brothers Ltd.）总裁、棉花大亨鲁迪·沙伊特先生（Mr. Rudi Scheidt），称其为"棉花大王"。周孝先亲自联络其老朋友共同参与新疆棉花种植计划。最后，在他的"游说"下，鲁迪·沙伊特先生打消了顾虑，一口应承，并马上付诸行动。种植棉花计划获得了意想不到的成功，效果及影响延续至今，在这个过程中，周孝先从中斡旋，付出了大量心智与心血，为新疆棉花在世界棉花格局中占据重要的地位立下了汗马功劳。

1978 年，正值中国改革开放初期，国门初开，人心思变，被称为"革命猛将、建设闯将"的王震亲自指挥绘制了在新疆种植棉花的发展蓝图，与新疆各级领导开会讨论并研究具体方案。王震、伍修权先后多次接见周孝先，介绍中央政府支持新疆的政策，并将目标详细地与他说明，同时也听取了周孝先提出的新疆由"植棉禁区"到实现"零的突破"的创举，强调加快发展是必要的课题的意见及对世界各国先进棉花种植状况的分析。独立自主，自力更生，是有信心就必定能够达到的；但要扩大种植规模，必须科学种棉，大量引用已有的科技知识才能加快发展步伐，因此如何借鉴学习国外的

澳大利亚 Namoi 棉农合作社主席、澳大利亚棉花之父保罗·卡尔先生在新疆植棉

先进技术及转化应用是首先要考虑的问题。

多年来，周孝先与美国和澳大利亚的棉花公司及棉农组织有着深厚且相互信赖的良好关系。故此，周孝先直接向老朋友要求协助、帮忙，由此催生了"梦幻的组合"——美国、澳大利亚的种棉高手强强联手，优化组合，两国的专家不远万里，克服路途迢迢、舟车劳顿赶往遥远的新疆，传授外国种植棉花的先进技术及经验，这在世界棉花种植史上是极为罕见的。

1979 年，美国霍亨伯格兄弟公司的总裁鲁迪·沙伊特先生亲自带领由澳大利亚"棉花之父"保罗·卡尔先生（Mr. Paul Kahl）、在非洲种植棉花长达 15 年的专家顾问弗雷德里克·赫曼斯利先生（Mr. Frederick G. Hemensly）、澳大利亚政府的农业专家顾问安迪·门格尔森先生（Mr. Andy Mengerson）等人组成的强大的技术团队，前往新疆实地考察、了解及分析，并与新疆维吾尔族自治区政府工作人员及棉农面对面交流情况。新疆维吾尔自治区政府计划于石河子 148 团场进行棉花种植，地点位于沙漠边沿，可种植的时限极短，既不占天时，又不占地利，是很难克服的困难，这也是新疆本地植棉多年仍然无法提高产量的重要原因。

在周孝先的斡旋下，中国、美国、澳大利亚三方合作，在 148 团场（莫索湾第二农场）开始了史无前例地国际合作植棉的壮举。

1979 年 10 月 8 日开始至 1981 年结束，植棉历时三年。中、美、澳三方通力协作，为此还专门成立了机械化队，引进了先进的生产设备与现代化的管理方式，因地制宜，科学种棉，经过大量的生产实践，无论是面积还是产量都有了较大增长，棉田由第一年的 609 亩、单产 266 公斤增加到 817 亩、单产 277 公斤。合作植棉取得了显著的效果，三方首次合作便获得了成功。

中、美、澳三方合作植棉对 148 团场乃至整个新疆生产建设兵团都产生了深远的影响，其影响主要体现在这几个方面。一是种子方面得到了极大的优化；二是由传统的条播到较为先进的穴播，播种方式取得了革命性的进步；三是精量播种，节约了土地，极大地提高了棉田的利用率；四是大量采用大马力机械，生产效率得到了极大的提升。所有这一切都为以后植棉发展奠定了良好的基础。专家撤走后，在周孝先的通融和力争下，设备全部留在 148 团场继续发挥作用。这些设备成为三方合作植棉的历史见证。

当然，任何事情都不会十全十美，合作植棉也有一定的遗憾，如脱叶技术还有些问题、清花效果不够理想等。

中、美、澳三方合作植棉是莫索湾二场（八师 148 团场）垦荒植棉史上一个破天荒的创举。早年开发莫索湾时，由兵团派出 7 人组成先遣队，他们带着 7 桶水、4 袋面粉和 5 公斤咸菜，安营在沙漠边缘，燃起了那里百年来的第一堆篝火，拉开了莫索湾垦区开发建设的序幕。后来，在周孝先"合作植棉"的带动下，手提肩扛的耕作方式逐渐被全面机械化取代，精量化播种、小型农用飞机撒药、采棉机采收，农业生产机械化促进了土地规模化经营、集约化发展，加快了职工群众致富奔小康的步伐。而这一切都与当年周孝先等人的"合作植棉"及其后续的影响分不开，当年留下的先进技术与影响，如今已在莫索湾这片热土上生根、发芽、开花、结果。

　　"同困难作斗争，是物质的角力，也是精神的对垒。"骨子里有坚强，言行中有教养，交往中有包容，心底里有善良，这大概就是周孝先能够打动多个国家的"棉花大王"与其合作的魅力所在，也

机械铺棉田地膜

周孝先早年组织澳大利亚、美国的棉花代表团到访中国主要产棉区

是他朋友遍天下的人格魅力所在。

　　正是周孝先这一代爱国商人秉持"愚公移山"的韧劲，敢为人先、迎难而上的精神，才有了今天的石河子莫索湾农场"棉花遍地如白云、瓜果四季飘清香"的壮美情景。

因地制宜　科学植棉

　　当年在148团场，由周孝先牵头的专家技术团队亲身感受到了新疆人民的热情与诚意，他们慷慨无私地传授国外的植棉技术及经验，指出新疆的自然环境及天气确实有条件种植出好的棉花，特别是新疆日照时间长及接近沙漠的气候环境具有与其他成功的植棉国家或地区相同的天然条件；但要获得量产，需要技术、管理等全套配合，且受植棉下种的时间限制，每年一度的植棉时机把握非常重要，不允许有半点失误，否则，棉农一年的生计不仅没有保障，而且还可能"血本全无"，根本谈不上持续发展。所以因地制宜、科学植棉成为新疆棉花种植发展的重中之重。

1980 年 4 月，周孝先亲自带领美国及澳大利亚专家再度访问新疆并组织种植棉花，与新疆维吾尔族自治区政府领导及地方干部继续落实 148 团场的科学植棉计划。以前是小规模种植，现在如何实现大规模种植？先决条件是将土地大面积规划为棉田，新疆土地资源丰富，但种植时间短，就要讲究种植效率，与气候变化比速度、抢时间，就必须使用大型机械代替人力播种。当时新疆经济比较困难，周孝先事无巨细，悉心联络协调、安排美国及澳大利亚提供新疆所需的大型机械参与种植。与此同时，种植模式也由多片小棉田转为一望无际的大面积棉田，有效地利用先进科技机械进行大面积的生产种植。一个问题解决了，但马上又面临另一个问题，平整棉田需要清除棉田之间的障碍，由于新疆是沙漠气候，更大的阻碍来自水源灌溉。如何有效地控制水源是需要大量的科技力量做支撑的，包括水源输送及泥土分析等。新疆的水源供应紧张。此外，棉田平整也是大有学问的。周孝先安排外国专家使用当时先进的激光仪器协助 148 团场平整棉田，应用计算机模拟计算，以有限的水源充分地灌溉棉田。周孝先与外国专家协商后，请他们培训当地的技术人员掌握相关的操作技术，有关仪器均留下供新疆继续使用。这是一项非常有远见的举措，它关乎新疆种棉的后续发展。新疆原本落后的种棉技术很快跃升至世界级先进技术水平，特别是这几年的飞跃足以证明周孝先高瞻远瞩，功德无量。

在周孝先的感召下，外国专家毫无保留地指导、培训技术人员，而在新疆的棉花开始生长并取得明显的成绩之时，又出现了另一个技术难题。

大规模的棉田种植对虫害的控制要求会更高，我国以往小棉田的种植基本是靠天吃饭，而美国种植棉花基本已应用飞机协助撒药除虫了。周孝先说服美国"棉花大王"沙伊特输入农药及小型专用飞机前往新疆试用。项目完成后，经周先生协调，美国专家团同意将飞机留下，捐赠给当地继续使用。棉花生长成熟后，他又协助引进大型采摘机器，并请外国专家培训当地的技术人员，为新疆棉花种植的持续发展做好了充足准备。"墙内开花墙外香"，项目圆满完成，在国内外均产生了极大的反响，国外媒体曾多次报道，一些同行慕名而来，这对中国及新疆的知名度提升大有好处，对中国的外交工作大有裨益，为中国对外形象的塑造大大加分。新疆试种成功引起了全国各地的关注，各省均派科技人员前往新疆取经、学习，接受培训。

新疆种棉不仅关乎国计民生，也是一项长期的战略规划，需要有"咬定青山不放松"的精神。因此，植棉计划没有因为试种成功而结束，大量后续工作在有条不紊地推进。周孝先安排澳大利亚 Namoi 棉花合作社组织与新疆加强技术交流——一批精英技术人员及农业科研专家，由新疆政府领导带队，前往澳大利亚接受为期一个月的培训。他们在具有世界先进水平的纳拉布里研究站（Narrabri Research Station）培育棉花种子，所长诺姆·汤姆森博士（Dr. Norm Thomson）亲自指导，高级农业研究专家霍尔格森（Holgson）专门讲解棉田积水及土壤测试方法，还有昆虫学家安格斯·威尔逊先生（Mr. Angus Wilson）讲解昆虫管理及最新

20 世纪 80 年代的飞机灭虫

的控虫课题及手段。同时，还安排计算机专家教授使用当时最先进的西拉塔克（Siratac）农田管理系统。此外，他们还赴澳大利亚悉尼大学、特兰吉（Trangie）农业研究所及安斯科特（Anscott）棉花合作社、轧花厂（棉花后期整理及包装的工厂）交流学习。

经过几年艰苦不懈的努力，新疆棉花种植计划终于获得完美甚至超乎想象的成功，具有重要的历史意义和深远的现实意义。

1981 年 8 月 10 日至 20 日，77 岁高龄的邓小平在王震、王任重等陪同下，到新疆视察工作。这是邓小平生平第一次踏上西域大地。邓小平先到乌鲁木齐视察，随后来到石河子市考察棉花等农作物的生长情况。他明确指出，新疆生产建设兵团的事业要大发展，兵团肩负着屯垦戍边的重任，要为新疆的稳定和发展做出新贡献。

1997 年 2 月 25 日，邓小平追悼会现场陈列的照片中就有一张

军垦农用飞机

王震为兵团农业航空队题
写的航标"军垦农航"

记录他当年参观视察新疆棉田时的照片。

粮如山棉如海，千山万水放光彩。如今，在石河子，昔日的荒漠变成了粮仓、棉海，昔日的莫索湾变成了名副其实的"金银湾"。

再接再厉 走向世界

新疆棉花种植卓有成效，但新疆棉业的发展并没有画上句号。棉花产量大幅增大，质量亦是高等级纤维，然而，当时的中国纺织业还无力全部消化，急需开拓国际市场，但全世界的高级棉花生产及使用的供求平衡是不可能马上被打破的，不会实时接受大批量的高级棉花突然进入供应行列。再者，世界各地的纺织厂均有稳定及长期的高级棉花供应商，不会随便更换而去承担产品质量不稳定的风险。中央政府为稳定新疆的经济及保障棉农的收入，每年都需要从国库调拨资金收购棉花，再将相当数量的棉花存入仓库。但长期储存会导致棉花质量下降，产品价值也会随之降低。中国纺织品进出口总公司尝试将新疆棉花推销到世界各地的纺织厂家，但都没有收到积极回应。在同样价格水平下，生产厂家是不会轻易改变货源供应的，也没有必要拒绝原有的货源而尝试接受新疆棉花。

面对如此困境，周孝先又挺身而出，再次发挥其个人的影响力，他不辞辛苦地亲自访问日本多家纺织大厂，介绍新疆棉的质量特性和其应用了先进技术及管理模式后所取得的显著成效，终于，得到了对方的正面回应。周孝先并不满足于当时推动新疆棉花向世界市场进军的步伐，他清楚新疆棉业面对的技术与管理不同步的局面，假如可尽快改善，实现"两条腿一起走"，新疆棉业即可获得持续发展。周孝先联系了美国的纺织业巨子，又与日本主管经济的政府高层，包括日本国务大臣、国土厅长官河本嘉久藏先生，关西经济联合会会长、东洋纺会长宇野收先生等合作，强力推介新疆棉花。为推广新疆棉，使新疆棉花走向世界，周孝先可谓殚精竭虑、不遗余力。

周孝先曾担任日本十大商社之首的伊藤忠株式会社及日本住友银行的高级顾问，长期与日本商界顶层的经营者交流、合作或竞争，洞悉日本商界的运作方式，他通过与经贸巨头的协作推动日本纺织工业关注新疆棉花，再借势直接联系日本各大纱厂，包括东洋纺、日清纺、富士纺等，与之签订年度购买中国棉花意向协议，又联络日本伊藤忠棉花部及其他十大商社、棉花贸易公司，如日棉株式会社、东棉株式会社……先后有序地按各商社实力分配购买及其应占用的市场比例，直接构建了中国棉花（包括新疆及山东等地的棉花）的销售模块，帮助中国棉花抢占日本市场。新疆棉进入日本市场后，终于可以在国际市场上全速奔跑了。从取得的业绩及在棉业界的影响来看，周孝先被称为中国的"棉花大王"，可谓实至名归。

但凡创业，过程不会一帆风顺，总是坦途与坎坷并存。新疆棉业的发展也不例外。20世纪80年代后期，新疆棉花已经有相当数量输往日本。其间，日本纺织协会邀约中国纺织品进出口总公司及新疆纺织品进出口公司负责人开会，日本纺织厂将新疆棉出现的质量问题分门别类，并按批次把相应发票展示于工作台上，供中国代表团记录及了解。除基本棉花质量及相关的改善要求外，主要问题是出口棉花内夹杂塑料袋、其他材质的纺织碎料、砖块及轧花厂的机械零件等。日本纺织厂已发展为全机械配棉，没有工人于生产车间排除棉花内的异物，造成生产的成品全部成为次品或废品（如成品为白恤衫的纤维混有红色塑料袋分解的疵点）。还有一家企业因棉花中混入金属杂品，生产时产生火花而酿成火灾，厂房被严重损毁，这无疑是一次极其严重的生产事故。毫无疑问，其他国家及棉农假若有类似失误就是灭顶之灾，基本上会被市场实时淘汰出局。面对如此严重的问题和几乎是不可逆转的困境，周孝先以个人人格魅力和超强的协调能力，经过数次的"危机公关"，再次奇迹般地改变了"几乎是不可能改变"的不利局面，他先是协助工厂解决厂房损失，再引导相关工厂的负责人改变原厂房用途，将其转作高尔夫球场，同时迁移厂房至日本国外，使厂方获取额外的丰厚利润。日本方面被周孝先的诚意打动，报以十分宽容的态度，使得双方比较容易沟通，较好地解决了损失问题。另外，周孝先说服日本纱厂用户给予新疆棉花继续在日本市场销售的机会。回国后，周孝先又主动与新疆政府相关部门负责人沟通，针对新疆棉花质量控制的疏忽及轻视的问题，设计了完善的工作机制，制定了细致的规则，如采棉工人必须用全棉的布袋，不可在指定范围内进食及丢弃垃圾，制定了工厂运作守则及管控维修规定等。新疆政府积极采纳周孝先的建设性意见和建议，要求各个企业严格按规章制度来规范管理，并召开千人干部大会通报有关情况，采取强制措施来执行。新措施得以顺利执行后，周先生审视结果及进度，亲自邀约最高级别的日本棉纺厂及商社代表团，包括各公司的会长、社长、纺织部总经理等考察新疆棉业的运作，确保工厂对原料供应恢复信心，从而让新疆棉花继续进入日本市场。至此，新疆棉业重新获得了良好的国际声誉。其中浸透着周孝先的多少心血啊！

由于业务上的往来和周孝先夫妇的为人处世，他们和时任日本国务大臣河本嘉久藏先生成了好朋友。

1985 年 9 月，应周孝先、胡秀莲夫妇邀请，日本国务大臣河本嘉久藏先生一行 12 人访问新疆，除了河本嘉久藏，还有日本东洋纺会长宇野收、日本桑田商会会长桑田昌、日本日棉株式会社前任社

周孝先（左一）胡秀莲（右二）与关西经济联合会会长、东洋纺会长宇野收（左二）合影

周孝先（左三）胡秀莲（右二）、周崇洁（右五）与美国"棉花大王"鲁迪·沙伊特（Rudi Scheidt）等一众好友合影

长福田井三、澳大利亚棉花合作社有限公司董事长保罗·卡尔等人，受到了新疆方面的盛情款待。其间，河本嘉久藏突发心脏病被送往当地医院紧急治疗，为了不影响行程，团队继续前往其他目的地访问。当时石河子正在举办日本现代实用机械展览会，他们参观了展览会，随后又去喀什和吐鲁番等地参观访问。访问结束后，身体已经康复的国务大臣河本嘉久藏随团回日本，他对周孝先的盛情邀请和在新疆期间的悉心照顾深表谢意。此时，周孝先不失时机地游说他把日本的一家纺织厂的设备送给新疆，这也成为新疆棉花业界的"意外收获"。

新疆棉业的三个阶段——发展、推广及改善均面临着各种难以解决的困难，周孝先以个人魅力与影响协助解决了整个新疆棉业的问题，这是常人不可思议的经历，也是难以复制的经验。周孝先撮合国内外的巨头、专家及不同领域的顶尖人才先后解决及攻破了不同的难题，最后取得了将新疆棉花推向世界的骄人成绩，令人无可置疑地推崇其为"棉花大王"，而他个人低调谦卑，始终谦逊地推却别人给予的赞誉，这在业界更赢得了大家的敬重。

周孝先凭借着个人智慧及人脉资源，与世界各地的"棉花大王"及一些政界要员建立了良好的人际关系，从某种程度而言，他做的不是"棉花生意"，而是在开展"棉花外交"。他的付出与辛劳不仅为国家赚得了外汇，改善了当地人民的生活，也加深了我国与交往各国人民的友谊。他为国家带来的社会效益已经远远超出了经济效益。

周孝先独特的人格魅力也为他赢得了良好的声誉。他曾被聘为日本住友银行的高级顾问。银行每一位总裁来香港时都要登门拜访，当面向其请教，在他们心目中周先生就是一位"传奇人物"，由此也可见周孝先在业界举足轻重的地位。

周孝先（后排左一）胡秀莲（后排左四）与日本国务大臣河本嘉久藏、美国"棉花大王"鲁迪·沙伊特等合影

周孝先与日本国务大臣河本嘉久藏合影

漫漫西行　悠悠棉情

遥想当年，周孝先利用自己多年积攒的人脉与业务关系，将多个国家的植棉专家请到西北边陲的天山脚下，这是一种多大的魄力与超前的胆识啊！

> 渭城朝雨浥轻尘，
> 客舍青青柳色新。
> 劝君更尽一杯酒，
> 西出阳关无故人。

安西，是唐朝政府为统辖西域地区而设的安西都护府的简称，治所在龟兹城（今新疆库车）。一句"劝君更尽一杯酒"，诗人王维临行送别时的一瞬，成了永恒。这首诗很好地契合了周孝先初到新疆时的心境。

当年，热爱古诗词的周孝先就是吟诵着这首边塞诗踏入新疆这片陌生、荒凉而又广袤无垠的大地的。无论是在石河子148团场"合作植棉"，还是合资创办"天山纺织"都给他留下了刻骨铭心的记忆。

都说"蜀道之难，难于上青天"，其实，"西行之路道阻且长"，又何尝不是充满了艰难险阻？如果说唐僧取经经历了九九八十一难，当年周孝先所经历的困难也是超出我们的想象的。初来乍到，千里戈壁滩一望无际，黄沙蔽日、尘土飞扬是家常便饭，当时石河子148团的团场所在地莫索湾还是一个地广人稀、偏僻荒凉的地方。

新疆之行，让他终生难忘；新疆植棉，更让他魂牵梦萦。

周孝先永远不会忘记他第一次去新疆时的情景。20世纪70年代，去乌鲁木齐的航线屈指可数，从香港出发到乌鲁木齐，要先到北京转机。他与几位朋友抵京的次日，为了赶上9点半那趟航班，一大早就离开了宾馆，提着行李赶到机场。谁知在那儿一直等到下午3点钟飞机都没有起飞。从广播里他们得知，冬季新疆上空的云层很低，当天乌鲁木齐大雾弥漫，所以飞机没办法降落。天公不作美，老天爷发难，还能有什么办法？无可奈何之下，他们只得悻悻然打道回府。

第二天，还是那么早地起床，还是那么匆匆忙忙地赶到机场，还是眼巴巴地等到下午3点，最后还是原路返回宾馆。那时候，在宾馆里没办法与机场联络，所以只能来回折腾，年轻人尚且吃不消，更何况已是中年人的周孝先，几个回合下来，他已经疲惫不堪了。

直到第三天下午3点，飞机才在众人"望穿秋水"的期盼中腾空而起。

第一次赴疆不仅让他真切地感受到了什么是"在家日日好，出门时时难"，同时也让他想起了古人所说的"天将降大任于是人也，必先苦其心志，劳其筋骨，饿其体肤，空乏其身……"

当年初到新疆的周孝先等人经历的磨难，用我们现在说的"四千"精神——走遍千山万水、说尽千言万语、想尽千方百计、吃尽千辛万苦——来说也是有过之而无不及。

当时条件之艰苦真是无以言表。单说吃住行，那时住的地方非常简陋，甚至连一个像样的公厕都没有，饮水和吃饭的卫生条件都比较差，周孝先等人都是在大城市待惯了的，时差转换和水土不服都是问题。

初到新疆来科学植棉和投资办厂正值冬季，周孝先住的那个房子漏风，夜半更深，寒风阵阵袭来，即便烧着火炉仍然冷得要命，对他这个习惯了温润气候的南方人来说真是遭罪。冬天新疆的气温在零下二三十度是家常便饭。最麻烦的是上厕所，厕所建在房子外面，其实根本算不上厕所，一间小茅房挖几个坑，上面铺几块简易木板，每上一次厕所就得"顶风冒雪"，真是苦不堪言，有人开玩笑地说："小便也要结冰。"

当然，为了让这些专家吃住得更好一些，在当时极其有限的条件下，新疆相关部门还是克服困难力所能及地为他们专门提供了住所与餐厅。

再说行，新疆地域辽阔，然而那时的新疆路况很差，很多道路都是坎坷不平、坑洼泥泞，被戏称为"搓板路"，"晴天一身土，雨天一身泥""坑洼不平、翻浆泥泞、车轮乱转"是对当时公路的形象写照，甚至连汽车的钢板也常会被颠断。人坐在车上被颠得七荤八素，乘客经常把吃的东西全吐出来了。刚换洗的衬衣，出门的时候是雪白的，回来的时候领口和袖口往往布满黄黄的污渍，人也变得灰头土脸……

当年新疆坑坑洼洼的"搓板路"

2023 年 5 月底至 6 月初，为《周孝先传》写作搜集资料和素材，编写组又远赴周孝先当年投资创业的新疆，沿着他当年的足迹实地考察采访，虽然路况和车辆已今非昔比，但从乌鲁木齐到石河子 148 团场所在地不到 150 公里的路程竟然用了 4 个多小时。真不敢想象当年面对坑坑洼洼的"搓板路"，周孝先和他的朋友是怎么走过来的！新疆之行，我们不仅感受到了祖国边陲翻天覆地的变化，更感受到了周先生当年创业是何等的艰辛。

最后说说吃。俗话说，一方水土养一方人。周孝先在饮食方面崇尚清淡，喜欢蔬菜。新疆是多民族聚居区，平时饮食以牛羊肉和奶茶为主，是一个"大碗喝酒、大块吃肉"的地方。初到此地，几餐下来，除了羊肉，就是牛肉，油腻吃多了，肠胃还真吃不消。最后，周孝先干脆以蔬菜和水果果腹。

万事开头难，这就需要创业者有极大的信心、勇气与毅力。下车伊始，千头万绪，困难重重，周孝先事无巨细，亲力亲为，挺过了一个又一个难关。

在新疆的时光虽然艰苦，但周孝先在"入乡随俗"的同时，也学会了以苦为乐。

他凭借自己的人脉，将日本等合作方的一些专家请到了"天苍苍、野茫茫，风吹草低见牛羊"的中国大西北。

新疆的天气比较特殊，"早穿棉袄午穿纱，围着火炉吃西瓜"，昼夜温差大。"北风卷地白草折，胡天八月即飞雪。"新疆的冬季更是天寒地冻，气温低到零下 40 多度，那些外国专家哪受得了如此寒冷的温度，在湿润温暖的南方待惯了的周孝先也是不胜其苦。但为了种棉事业，为了留住外商，他想方设法为他们解决取暖问题，缺衣添衣、缺棉加棉，自己冷得实在没办法了，便在一家旧货店买了一件棉衣御寒。

周孝先（后排左二）胡秀莲（后排左三）与东洋纺、日清纺、富士纺等日本十大纱厂代表合影

　　种棉岁月虽然艰苦，却也难忘，而且也有"苦中求乐"的一面。所有这一切，既磨炼了他的意志，也丰富了他的人生阅历。

　　一次，从日本来的客商要喝冰镇啤酒，新疆地处内陆，当时经济又欠发达，根本没有冰箱等物品。常言说，办法总比困难多。为了留住客商，安抚他们的情绪，周孝先就地取材，乃至土法上马，天山白雪皑皑，水资源丰沛，他让人去弄来雪山冰水，将啤酒放进去冰冻起来，于是"人工冰镇啤酒"就诞生了！周孝先的细心与机智，深得外商朋友的嘉许与好评！"人心热能化铁"，就是这样的点点滴滴，感化了外商的心，他们与周孝先结下了深厚的友谊。

合资"天毛"　出口创汇

　　在新疆石河子148团场"合作植棉"的同时，周孝先把眼光投向了新疆的毛纺织品市场。

20世纪70年代，我国做羊绒衫的原料都是从日本进口的。周孝先想不明白：羊绒的产地明明是在中国，我们为什么不能将羊绒纱纺织出来，而非要送到外国去加工呢？新疆就是羊绒的产地，不但数量多，而且质量好。我们为什么还舍近求远呢？

于是，周孝先萌生了在乌鲁木齐市投资建毛纺织厂的念头，他把自己的想法与几个朋友一说，大家一拍即合，很快达成了共识。

乌鲁木齐市，旧称迪化，新中国成立前，人口不足10万、市区面积不到10平方公里，市内交通也只有两三公里的柏油路，运输工具主要是驴、马和骆驼。而现在，乌鲁木齐市是国务院批复确定的中国西北地区重要的中心城市和面向中亚、西亚的国际商贸中心，

此件已经宋致和、田仲付主席批示同意。

关于香港和日本方面派人来疆签订毛纺织品合资企业有关合同的接待方案

自治区人民政府：

关于合资经营乌鲁木齐毛纺织品公司，在原补偿贸易洽谈基础上，经自治区领导批准，于八月下旬和九月上旬我区赴港洽谈毛纺织品合营企业和赴日考察毛纺设备小组与唐翔千、周孝先生及日本东洋纺系株式会社进一步商谈，签订了关于合资经营乌鲁木齐毛纺织品有限公司协议书。双方议定，于十一月初再签订合资经营企业合同、购置设备合同、引进毛纺技术和费用合同。对此，考察小组回疆后，曾向宋致和、张恩明付主席汇报同意。现就有关接待方案报告如下：

一、香港来三人，由半岛针织厂董事长唐翔千先生带领，日本东洋纺系来七人，由社长小林龙三先生带领，定于十一月二日从北京乘飞机到达乌鲁木齐，予计停留八～十天，食宿安排在延安宾馆。

为使合营企业合同、设备公司、技术合同力求附合国家要求，平等互利，技术先进，价格合理，拟将上述合同在我区谈妥后，由丁兆祺同志等陪同去北京，把合同文本送请投资委员会、国家计委、纺织部、外贸部审定，在北京签字。

另外，日本京和机械制造厂四人何时来，根据设备合同洽谈情况，再予确定。

~1~

签订毛纺织品合资企业有关合同的接待方案

是第二座亚欧大陆桥中国西部桥头堡和中国向西开放的重要门户。据统计，自改革开放以来，乌鲁木齐已先后同50多个国家和地区进行了商贸和文化交往。随着时代的发展，乌鲁木齐日益成为中国向西开放和连接中亚各国市场的重要工业中心、商贸中心、旅游中心、购物中心和陆空交通枢纽。

说起新疆天山毛纺织有限责任公司的成立，也有一段不同寻常的经历。1979年8月下旬和9月上旬，由新疆维吾尔自治区计划委员会、新疆维吾尔自治区外事办公室、新疆维吾尔自治区对外贸易局组成的考察组，先后赴香港洽谈毛纺织品合营企业事宜，赴日本考察毛纺设备，与香港的唐翔千、周孝先以及日本东洋纺织株式会社商谈，签订了关于合资经营乌鲁木齐毛纺织品有限公司的协议书。双方商定于1979年11月初签订合资经营企业合同、购置设备合同、引进毛纺技术和费用合同。为此，来自中国香港和日本的工作人员又专程赴新疆签订了毛纺织品合资企业的有关合同。

1979年11月3日至6日，由香港半岛针织有限公司董事长唐翔千、香港国际棉业董事长周孝先、日本东洋纺织株式会社社长小林龙三等组成的代表一行10人，在新疆维吾尔自治区省会乌鲁木齐市共同签订了投资合同，拟定了《天山毛纺织品有限公司章程试行草案》。代表团受到新疆维吾尔自治区领导及相关部门的热烈欢迎与盛情款待，并签署了两个相关备忘录。

1979年，唐翔千、周孝先和小林龙三经过多方考察，决定同乌鲁木齐合资筹建天山毛纺厂，大规模开发高级羊毛制品。20世纪80年代，"天毛"从日本、意大利等国陆续引进了具有世界先进水平的加工设备，年产毛绒衫和羊毛衫170万件，产品质量在国内同行业中处于领先地位，先后获市优奖、区优奖、部优奖和国优奖130多次，各种产品远销美国、英国、苏联、日本和意大利等14个

1979 年创办伊始的新疆天山毛纺织品厂景象

国家，外销比例高达 60%。时任乌鲁木齐市副市长骄傲地说："'天毛'的腾飞，既是乌鲁木齐经济发展的典范，也是乌鲁木齐发生巨变的一个缩影。"

周孝先是一位高瞻远瞩的商人。他是改革开放以后香港最早一批来内地投资建厂的企业家。在当时新疆物质条件相对落后的情况下，他摒弃顾虑、不计得失，率先投资，不仅彰显了卓越的眼光与胆识，也为外商投资做出了榜样，起了表率作用。周孝先是新疆毛纺织业的开拓者之一，对发展和带动当地的纺织业功不可没，他以实际行动展示了大爱无疆的家国情怀。

备　忘　录

一九七九年十一月三日至六日，香港半岛针织厂有限公司唐翔千先生、日本东洋纺系式会社小林社长等一行十人，在新疆维吾尔自治区乌鲁木齐市，就与新疆合资经营天山毛纺织品有限公司问题进行了深入地洽谈。经过友好协商，共同签订了《投资合同》，拟订了《天山毛纺织品有限公司章程试行草案》。双方一致同意将这个章程草案提交公司董事会讨论通过，并与有关协议·合同一起报送投资管理委员会审批。

甲方代表（签字）　　　乙方代表（签字）

丁兆祺

唐翔千
小林龍之
周孝先

一九七九年十一月六日
于乌鲁木齐市

备忘录之一

备　忘　录

1979年11月3日

天山毛纺织品有限公司章程试行草案第九条"本公司注册资本总额为1300万美元，其投资比例为甲方占51%，乙方占49%"。

现经双方协商同意，修改为"本公司合营投资额为1300万美元，其中注册资本额为800万美元，其投资比例甲方占51%，乙方占49%，其余不足即500万美元由乙方向国外筹集，亚由中国银行乌鲁木齐分行出具担保函"。

上述备忘录为天山毛纺织品有限公司章程试行草案组成部分，亚从签字之日起生效。

甲方　　　　乙方

丁兆祺　　　唐翔千
小林龍之
周孝先　16

备忘录之二

　　周孝先联合国际纺织业界的实力派人士投资成立的新疆天山毛纺织有限公司引进国际最先进的技术和设备，如兄弟牌针织机、分梳机等，大大提高了生产效率与工艺水平，并利用香港的配额出口。周孝先依靠自己的业务客户，与日本、澳大利亚、英国等发达国家开展业务，为国家创汇做出了积极的贡献。1980年，国家外国投资管理委员会以全国第5号中外合资的批文正式批准"天山毛纺"的合资合同，它作为中国改革开放以来第一家中外合资纺织企业已载入中国纺织业发展史册。先后五次跻身全国"十大最佳合资企业"之列，并曾荣登榜首，被国务院企业评价中心评为全国500家经济效益最佳企业，也曾荣列纺织行业十强、新疆纺织行业第一

周孝先（右三）唐翔千（右四）等在天山毛纺织品公司办公楼前合影

周孝先（左一）胡秀莲（左四）与新疆维吾尔自治区经济贸易视察
团成员合影

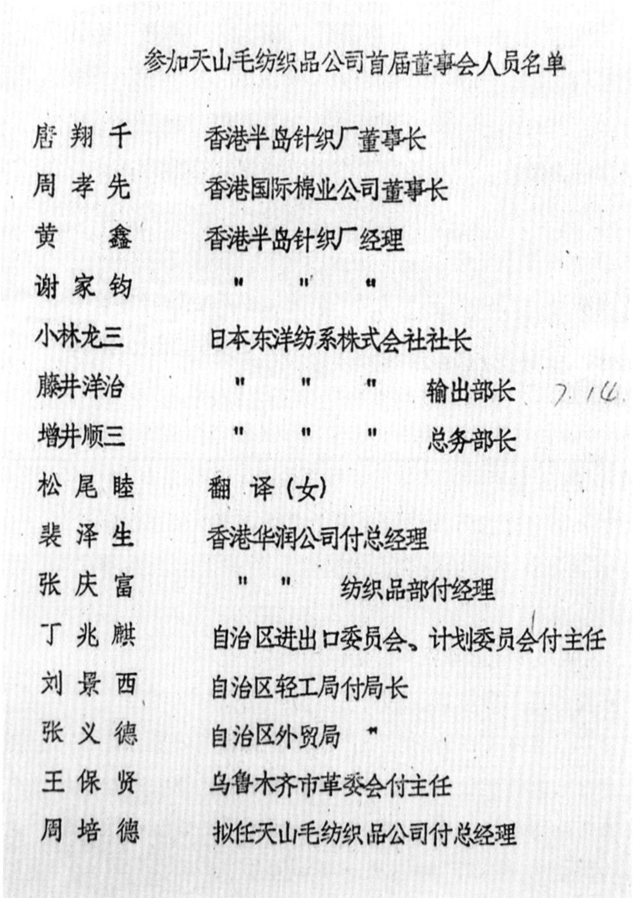

参加天山毛纺织品公司首届董事会人员名单

唐 翔 千	香港半岛针织厂董事长
周 孝 先	香港国际棉业公司董事长
黄 　 鑫	香港半岛针织厂经理
谢 家 钧	〃　〃
小林龙三	日本东洋纺系株式会社社长
藤井洋治	〃　〃　〃　输出部长 7.16
增井顺三	〃　〃　〃　总务部长
松 尾 睦	翻　译（女）
裴 泽 生	香港华润公司付总经理
张 庆 富	〃〃　纺织品部付经理
丁 兆 麒	自治区进出口委员会。计划委员会付主任
刘 景 西	自治区轻工局付局长
张 义 德	自治区外贸局　〃
王 保 贤	乌鲁木齐市革委会付主任
周 培 德	拟任天山毛纺织品公司付总经理

天山毛纺织品公司首届董事会人员名单

111

"天山毛纺"的老办公楼

"天山毛纺"的老厂房

新疆天山毛纺织品公司第十次董事会（右三为周孝先、右四为唐翔千）

新疆天山毛纺织品公司第十二次董事会（前排右三为周孝先、左三为唐翔千、右二为小林龙三）

"天山毛纺"新的办公大楼

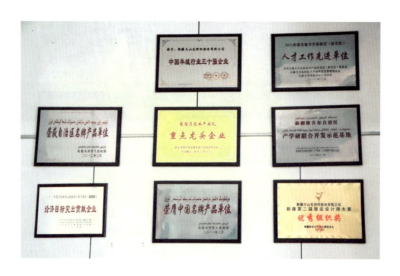

"天山毛纺"获得的部分荣誉

國際棉業有限公司
RAWCOTT INTERNATIONAL LIMITED

G.P.O. Box 2382　　　　　Room 603　　　　　Telephone: 2522 1162
HONG KONG　　　　St. George's Bldg.,　　Telex: 83074 RACOT HX
Fax: 2810 5869　　　　2, Ice House Street,　　Cable: RAWCOTT HONG KONG
　　　　　　　　　　　Hong Kong

本函號：HK17092

新疆天山毛紡織股份有限公司
董事會

　　　　　　副本抄送：張自強董事長

敬啟者：早於 60 年代為促進國家的經濟發展，本人開始及
持續地引進並積極參與外資投資企業，國家第一批批准成立
的外資企業，其中包括有新疆天山毛紡織股份有限公司。儘
管天毛地處邊疆，但企業發展成績驕人，曾五次榮獲全國十
大「最佳外資企業」獎項，並於 1998 年發展成為上市公司。
本人對天毛的成績及支持是肯定的。

本人自天毛於 1980 年創立至今，出任天毛董事已 25 年矣。
但時光飛逝，現已屆花甲退休之年，如繼續擔任天毛董事之
職恐力有不逮，故經過詳細考慮後，決定由 2004 年 10 月 1
日起即時辭退董事一職，特函董事會及董事長張自強先生，
尚祈諒察並照准為盼。

國際棉業有限公司為天毛第四大股東。國棉董事會考慮本人
呈辭後職位懸空，將會儘快覓找適當人選，於本年九月份向
天毛董事會提以填補本人之董事空缺。希望董事會諸位董
事能支持為盼。

　　　此致

　　　　　　　　　　　　　　　　董事 周孝先

二〇〇四年八月廿三日

周孝先请辞"大山毛纺"董事的书面申请

名。公司于 1995 年改制为股份有限公司，1998 年 4 月经中国证监会批准发行股票，同年 5 月公司股票在深交所挂牌上市（证券代码000813）。2009 年 7 月，在新疆维吾尔自治区党委、政府的领导下，自治区国资委、自治区金融工作办公室、乌鲁木齐市国资委共同提出重组方案，由新疆凯迪投资有限责任公司具体贯彻实施重组。2013 年 10 月，公司完成资产重组，通过优良资产的注入实现了"天山毛纺"的结构调整、资产调整和主业调整，由单一的毛纺织业发展为矿业、毛纺织业双主业模式经营的集团化公司。

20 世纪 80 年代，周孝先积极拓展国际市场，出口棉花和棉毛纺织品，想方设法为国家创汇创收。同时他还解决了当地很多人的就业问题，很多人的命运也由此彻底改变了。周孝先与"天山毛纺"结下了深厚的情谊，直到 2004 年 10 月 1 日，由于年龄等原因，他才退出担任了 25 年董事的"天山毛纺"。

天山之子　植棉功臣

应该说当年在石河子 148 团场种棉，周孝先是有着超前眼光与胆识的，将优质棉与先进的技术设备及现代化的管理方式引进新疆，他是新疆棉花种植业中"第一个吃螃蟹"的人。不辱使命，不负重托，知难而进，迎难而上，这是周孝先不同于其他商人之处，也是他用铁一般的事实为新疆棉花正名的例证。

从传统意义上的不适合种棉，到现在棉花如珍珠、白玉般装点边疆大地，把戈壁变成了良田，周孝先带领一代植棉人突破层层艰难险阻让新疆棉成为举世瞩目的"中国名片"。

中国棉花看新疆。在新疆维吾尔自治区深化棉花目标价格改革等政策的引导与支持下，棉花种植面积、产量逐年递增并趋于稳定。2021 年的数据显示，新疆棉花产量占全国总产量的 89.5%，棉花单产、总产、种植面积、商品调拨量连续 20 多年居全国第一。新疆棉花亲肤性、透气性、弹力都远超其他地区的棉花，在国内乃至国际市场都有着很强的竞争力。2022 年，新疆棉花总产量为 539.1 万吨，占同年中国棉花总产量的 90.2%。新疆成了名副其实的"中国棉心"。

这一串串令人振奋的数字里面饱含着周孝先当年的呕心沥血，新疆植棉是周孝先以实际行动助力内地经济发展的英明之举，也是他商业生涯中最突出的亮点之一。看到今天新疆棉业蓬勃发展，蔚为大观，相信周孝先的在天之灵也会感到欣慰。

"天山毛纺"成立后，周孝先又不断努力协调向垦区慷慨捐赠农用飞机十余架，为我国的棉花事业与新疆地区的发展建设做出了积极贡献。

1990 年 9 月，为感谢周孝先投资新疆维吾尔自治区并成功合办新疆天山毛纺织品有限公司，新疆维吾尔自治区人民政府为周孝先颁发了荣誉状，新疆天山毛纺织品有限公司赠予周孝先"建设边疆振兴中华"铭牌，周孝先也因此获得了"天山之子"的赞誉。是的，周孝先的名字已经与新疆天山棉毛纺织紧紧地联系在了一起，他凭着自己的聪明才智与实干精神赢得了"天山之子"的赞誉，他无愧于新疆维吾尔自治区人民政府授予他的"荣誉公民"的光荣称号。

新疆维吾尔自治区政府颁授的这份荣誉状是一种至高无上的荣誉，非成绩卓越、贡献巨大者不能获此殊荣。周孝先的开拓及其成果是新疆维吾尔自治区棉业发展史上浓墨重彩的一笔。

新疆植棉这段艰辛而又难忘的经历是他人生若干经历中极为重要的一段经历。然而，周孝先对这一切却看得云淡风轻，在以后的生活中几乎从不提起。在他看来，能够在国家的大西北有所作为，

新疆天山毛纺织品有限
公司赠予周孝先的铭牌

新疆维吾尔自治区人民政府为周孝先颁发的荣誉状

能够在恶劣的气候和自然条件下帮助地方发展经济，培育现代化企业，解决几千万人口的穿衣问题，他付出再多也是值得的。

如果说从"植棉禁区"到高产棉区过程中浸透着兵团战士们的汗水与辛劳，那么合作植棉，引进优良的种子与先进的现代化机械设备，从而使当地的低质棉转化为优质棉，实现了棉花种植的质的飞跃，这里面不仅包含了周孝先的心血和智慧，而且还包含了他报效国家的赤子之心。

故地重游　岁月难忘

时光如箭，岁月如歌。

周孝先曾先后 4 次入疆，前几次不是在石河子 148 团场合作植棉，就是投资入股新疆天山毛纺织有限责任公司，天山南北都留下了他的足迹，留下了他艰辛创业的汗水与心血，也实现了他实业爱国的荣光与梦想。

2013 年，已经年逾八旬的周孝先与胡秀莲应新疆维吾尔自治区政府的盛情邀请重游新疆，作为对新疆经济发展做出过突出贡献的"有功之臣"，新疆方面派员全程陪同。故地重游，周孝先不胜感慨，时光如梭，岁月不饶人，当年他在新疆引进国外先进技术种植棉花时正是年富力强的当打之年，如今已是满头银发、步履蹒跚的老翁。不过让他倍感欣慰的是，当年他们打下的种棉根基，如今星火燎原一般遍及天山南北。

踏遍青山人渐老，风景依然美好。新疆之行，不仅让周孝先感受到了新疆日新月异的变化，也让他真切地感受到了新疆各族人民的大团结与大融合。他还应邀到新疆昌吉回族自治州最东边的木垒哈萨克自治县的牧民家中做客。热情好客的哈萨克族牧民为这位对新疆发展付出了心血和汗水、远道而来的尊贵客人准备了许多精美可口的点心与奶茶。虽说是 83 岁的老人，牙口也有些不好，但周孝先兴致很高，尤其是对新疆特色食品——馕非常感兴趣，他边津津有味地品尝着美食，边与牧民们唠着家常，亲身感受着今非昔比的牧民生活。恍惚间，他似乎又回到了数十年前那些难忘的岁月，那些种棉花的人和事仿佛又浮现在了他的眼前。

这是周孝先最后一次新疆行，此后由于年龄及身体原因，他再也没能踏上这片广袤而又让他魂牵梦萦的土地。

周孝先在新疆木垒哈萨克自治县牧民家做客

关注棉业　促进发展

除了在新疆合作种棉投资办厂外，周孝先的棉花业务还遍及神州大地的主要产棉区。他非常关注内地棉花产业的发展情况，对促进内地棉业的发展可谓尽心尽力。中国的棉花种植以新疆、黄河流域和长江流域为主，大约在 20 世纪 80 年代，李昌安在山东工作时（1985 年 6 月至 1987 年 7 月任山东省省长），棉花是山东的主要经济作物之一。

> 高田地，
>
> 种芝麻，
>
> 矮田地，
>
> 种棉花，
>
> 棉花田里一个大南瓜……

这首流传于山东鲁西南地区的儿童民谣从一个侧面反映了山东种植棉花的悠久历史。山东属于三大棉产区中的黄河流域棉产区，是传统棉花产业经济大省。20 世纪 80 年代，山东的棉花种植面积、产量达到峰值，山东比新疆更早占据过全国棉花种植第一大省的位置。

作为黄河流域的主阵地，山东省的棉花分布在以滨州和东营为代表的鲁北地区、以德州和聊城为代表的鲁西北地区，以及以济宁和菏泽为代表的鲁西南地区。山东省聊城市的高唐县农业发达，尤其以棉花产业闻名，被誉为"金高唐"，所以人们也称赞高唐县"货以木棉，甲于齐鲁"。

山东棉区以暖温带季风气候为主，降水量适中，有着得天独厚

雪白饱满的山东高唐棉花

的种植棉花的条件。棉花种得多，销售自然也就成了一个大问题，由于"靠天吃饭"，受气候的影响很大，如采摘不及时、销售不到位，很多棉花就有烂在地里或霉在仓库里的危险。周孝先像一位行侠仗义的侠客一样，及时帮助当地解困纾难，在时任山东省委副书记、省长李昌安的请求下，当8万吨棉花还长在地里时，周先生就挺身而出提前订购，为山东棉农及时解决了棉花因天气影响而滞销的难题。可谓江湖救急，雪中送炭，其侠肝义胆可见一斑！

还有一个生动的例子：曾任湖北省委第一书记兼武汉军区政委的陈丕显在湖北任职时，有一年湖北遭遇百年不遇的洪灾，大水中棉田首当其冲，严重影响了棉花出口，周孝先再一次挺身而出，联系市场和买家，排忧解愁，雪中送炭般帮助棉农渡过了难关。

第六章　教育兴国　泽被后代

尊师兴学　捐资助教

在商海中风风雨雨打拼多年，周孝先与胡秀莲深知教育对国家富强和民族复兴都有着无可比拟的重要意义。

文化是一个国家的根和魂，教育则是一个国家兴旺发达的基石。知识可以改变一个人的命运，教育则可以改变一个国家的命运。

教育兴则国家兴，少年强则国家强。少年是国家的未来，少年的强弱正是国家将来强大与否的关键；教育是民族的灵魂，教育的兴旺正是一个民族繁荣昌盛的力量源泉。

在国内经常听到一句话：再苦不能苦孩子，再穷不能穷教育。尽管这句话很多人很熟悉，但是却未必理解它的真实含义。由于历史和现实的原因，"读书无用论"曾经在国内某些地区不同程度地存在。随着中国改革开放和经济发展的不断深入，如今"科教兴国"的口号更是顺应民心，应和时代的脉搏，成了国人的共识。政府部门对教育的投资力度前所未有，但教育资源的分配和发展仍不均衡。

20 世纪 60 年代，周孝先夫妇便开始捐资助学。他们在香港和内地资助了许多学校，很多孩子因此受益而完成了学业、成就了梦想。

周孝先（左四）、胡秀莲（左三）参加"小扁担励学行动"留影（左二为刘世镛）

周孝先、胡秀莲夫妇为广东省韶关市乳源山区学生派发奖学金

周孝先与所资助学生合影

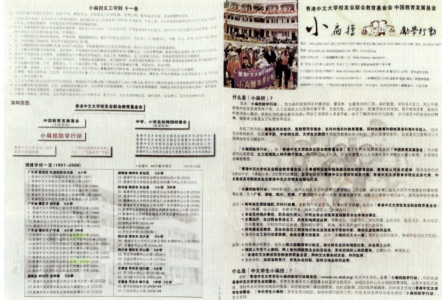

"小扁担励学行动"宣传材料

"小扁担励学行动"交流活动

周孝先与胡秀莲从身边做起，身体力行，捐助香港中文大学"小扁担励学行动"，继而由香港到内地，在不同山区兴建学校，为贫困儿童提供就学机会。如在 1999 年至善教育交流团·复活节励学团"小扁担励学行动"中，周孝先赞助手表 40 只，以此勉励学生珍惜时间、勤奋学习，这在广大师生中间传为佳话。

提到"小扁担励学行动"不能不提它的发起人之一——刘世铺先生。

"小扁担励学行动"由香港中文大学校友会下属负责中国教育发展基金的中大校友创办及管理，义工或捐款人则不限于校友。之所以取名"小扁担励学行动"是因为扁担是我国农村最原始、最简单，也最常用的工具。扁担载重，讲究各尽其力，两头平衡，寓意内地与香港两地平等、义工及捐款人与受助对象平等，互励互勉，共同进步——配套资助农村学校，提升教育素质，鼓励农村老师安心教学；贫困生与优异生奋志向学；义工或捐款人及其子弟也可以通过这一活动了解内地农村的现状，学习在艰苦环境中积极求知的精神，从而达到锻炼青少年及义工在服务中成长的目的。

周孝先与刘世镛合影

　　刘世镛先生是中审亚太才汇（香港）会计师事务所的总经理，是一位资深的会计师，是香港中文大学的校董，同时也是一位热心公益事业的慈善家，还是周先生的香港国际棉业有限公司的财务管理负责人。

　　刘世镛与周孝先于1985年相识。当时，周孝先刚刚接手了一个因管理不善而亏损很大的公司，他请年富力强的刘世镛先生帮忙打理公司，经过通力合作，公司很快就回归了正常，二人也因此结下了深厚的友谊。他们是相差17岁的"忘年交"。后来刘先生成了周孝先公司的财务顾问，周孝先的很多经贸活动，刘先生都参与其中。

　　在刘先生眼中，周孝先是一个具有绅士风度的人，非常有教养，极具亲和力，脾气和善，对下属员工或生意伙伴总是彬彬有礼。正应了一句老话：读万卷书，不如行万里路，行万里路不如阅人无数。周先生社会阅历丰富，见多识广，知识渊博，而且非常健谈。刘先生被周孝先视为莫逆之交，二人虽然年龄差距较大，却是无话不谈。周孝先谈得最多的还是他因做生意而"周游列国"时的种种趣闻趣事。譬如巴基斯坦城乡一些地方的卫生条件不尽人意；又譬如1963年11月22日美国第35任总统约翰·菲茨杰拉德·肯尼迪遇刺，周先生恰好在美国得克萨斯州达拉斯这座城市，当时形势非常紧张，周先生在海外感受了惊心动魄的一幕；再比如当年到西北边陲新疆石河子"合作植棉"经历的苦乐岁月。

周孝先、胡秀莲参与捐助的广东省韶关市乳源一校舍

周孝先参加"小扁担励学行动"的表格

参加捐助香港中文大学"小扁担励学行动"

周孝先（中间挂相机者）与刘世镛（后排左一）赴乡下调研乡村教学情况

怀着"参加一个行动，改变一个人一生"的热望，1995年周孝先积极参与并热心支持香港中文大学发起的"小扁担励学行动"，与广东省教育厅及相关部门合作，开始了他"上山下乡"的捐资助学之旅。那时的广东偏远地区的交通不像现在这样便利，周孝先由深圳坐车到广州，再由广州坐船走水路到肇庆的高要，一路跋山涉水，风尘仆仆地到达了目的地。

当地的东山羊、杏花鸡很有名，为了"开源节流"，周孝先在高要的公司与当地畜牧局合作成立公司，租了三座山养羊、养鸡，将所得利润全部投入到了当地的基础教育。

周孝先先后参建了6所学校。2000年女儿新婚大喜，亲朋好友纷纷前来祝贺，他将全部礼金捐献给了"小扁担励学行动"。不仅如此，这年10月，他还从女儿女婿的名字中各取一个字"崇"和"光"，捐助40万港币在广东省肇庆市广宁县洲仔镇金场村兴建了"香港中文大学校友会联会金场崇光小学"教学大楼。他言传身教，用实际行动给后代留下了一段美好的公益记忆，同时也希冀慈善家风代代传扬。

自1995年周先生参与"小扁担励学行动"以来，本着公开、透明、全部捐献的原则，"小扁担励学行动"与各地教育局合作，在基层乡镇建学校，经费由香港与所在乡镇各出一半，当地县政府为乡镇的监督方，广东省教育厅则为香港方面的监督方，这样既为当地政府减轻了财政负担，也保证了工程质量，从而杜绝了"烂尾楼"及"豆腐渣工程"等现象。除了在广东，周先生参与的"小扁担励学行动"还在湖南、四川、江苏等地捐建多所学校，为优秀学生设立奖学金，为贫困地区设立助学金，为祖国的教育事业奉献爱心。

2001年11月29日，为感谢周孝先在广东省肇庆市广宁县捐资兴学的突出贡献，广宁县人民政府授予周孝先"广宁荣誉市民"的称号。

2005年3月28日，广东省封开县杏花镇人民政府赠予周孝先"爱心送暖"铭牌，以褒扬其爱心捐助的仁风义举。

2013年，周孝先、胡秀莲出资200万元成立"秀莲教育基金"，每年用于奖励、资助苏州市吴中区东山镇的优秀学生和贫困学子。2013年4月23日，东山镇"秀莲教育基金"捐赠签字仪式在镇政府举行。周孝先、胡秀莲，东山镇镇长吴金凤、镇政协工委主任邱惠萍、镇党委委员吴永康、镇政府副镇长张蕾等参加签字仪式。2019年8月16日，"秀莲教育基金"在东山中学、莫厘中学分别举行了颁奖活动，奖励年度高考、中考前十名优秀学生，发放奖学金4万元人民币。至今，该基金已奖励了100多位优秀学生。

前　言

自2000年12月廣寧縣人民政府授予對廣寧建設作出突出貢獻的9位港澳同胞、縣外投資者爲首批"廣寧榮譽市民"後，在海內外產生較好的影響，進而激發臺港澳同胞、縣外有識之士對廣寧更高的投資、捐資熱情，湧現出一批熱心廣寧建設的可歌可頌的先進人士。經縣直有關部門和鄉鎮政府的推薦，廣寧縣第十二屆人民代表大會常務委員會第三十一次會議根據縣政府的提請，決定授予郭清雄、陳萬吉、陳康靜墦（女）、梁藹儀（女）、周孝先、羅昌祿、何海權、楊強、蘇建珍（女）、楊忠等10人爲第二批"廣寧榮譽市民"，現將其主要事迹公布，以激勵後來者。

周孝先先生惠存

爱心送暖

广东省封开县杏花镇人民政府敬赠
2005年3月28日

广宁县人民政府授予周孝先"广宁荣誉市民"的称号　　广东省封开县杏花镇人民政府赠予周孝先"爱心送暖"铭牌

2004 年 7 月 17 日，周孝先与被资助的孩子们在一起

通过"秀莲教育基金"的资助，许多学子完成了初、高中学业，不少孩子还考上了理想的大学，其人生从此也得到了改变。

甘为人梯　奖掖后学

周孝先少年学徒，青年创业，在人生最美好的时光里经历了许多世态炎凉与悲欢离合。他深知在一个人的青年时代，负重前行时有人助推一把、托举一下是多么重要。

除了捐助边远山区和内地一些地方的优秀学生与家庭困难的学子，周孝先还非常关心内地青年学术人才的培养。他深知青年人才

香港中文大學校友會聯會陳震夏中學
CUHK FAA CHAN CHUN HA SECONDARY SCHOOL

632 Sai Sha Road, Chung On Estate, Ma On Shan, Shatin, N.T. 新界沙田馬鞍山西沙公路632號頌安邨
電話 TEL：852-2630 5006　　傳真 FAX：852-2630 5299

周孝先先生伉儷鈞鑒：

承蒙百忙中撥冗出席本校五周年校慶暨中五班第一屆畢業典禮，並荷蒙慷慨捐贈港幣五萬元予本校，支持學生活動。隆情厚意，至深銘感。謹代表全體員生致以萬分謝意。

經與周厚峰校長及負責老師商議後，決定將捐款用於資助本校學生到內地作服務及考察活動之用，以推展國民教育，使學生認識祖國及服務社羣。為確保專款專用及運用得宜，本校已組成專責小組監督其事。謹附上有關資助計劃，供作參閱，並請不吝指正。尚此奉達，

並頌　　時祺

校監

劉世鏞謹上
2005 年 9 月 13 日

香港中文大学校友会联会陈震夏中学给周孝先、胡秀莲伉俪的感谢信

是国家发展、民族振兴的未来和希望，他积极支持内地青年社科人才的培养，当得知中国社会科学院设立"胡绳青年学术奖"后，与胡绳先生同为苏州老乡的他积极参与了这项有意义的工作。

胡绳青年学术奖是中国社会科学界最高层次的青年学术成就奖，是面向全国青年学者的、多学科的社会科学奖，由中国社会科学院主管。1997年，全国政协原副主席、中国社科院前院长胡绳倡议并带头捐款设立"青年学术奖"，旨在鼓励青年社会科学工作者出好成果、多出人才。他的倡议得到了包括周孝先等在内的香港朋友及社会贤达的热情响应和赞助。周孝先捐款5万元，现在看来似乎有些不太起眼，但在当时却是一笔不小的款项。

据胡绳先生的秘书白小麦回忆，中国社会科学院曾邀请过周先生参加颁奖典礼，但他因故没有出席。或许是周先生的为人与性格使然，他就是这样一个人，只管耕耘，默默奉献，不问收获，不求闻达与回报。

"胡绳青年学术奖"每三年评选一次，设立的奖项分为六类：文学语言学科类、历史学科类、哲学学科类、经济学科类、国际问题研究类、社会政法学科类（含政治学、法学、社会学、民族学、新闻学等学科）。每届评选三类学科，交替进行。实践证明，"胡绳青年学术奖"从全国社会科学前沿的制高点出发，已成了推动全国社会科学事业发展的一项重要奖项，对全国的社会科学尤其是青年社会科学工作者产生了积极的导向作用，对推动社会科学界的科研创新、发现人才、出好成果具有十分重要的积极意义。

"胡绳青年学术奖"的评选工作得到了党和国家领导人及中国社会科学院的高度重视。首届"胡绳青年学术奖"在学术界尤其是青年学者中产生了较大影响和积极作用，获奖者中的很多人后来都成了学界或政界的中坚力量。如今，"胡绳青年学术奖"已成为象征

第八届"胡绳青年学术奖"颁奖仪式

性的标志，代表着老一辈学者对青年学者寄予厚望，得到了学术界和社会的关心和支持。

　　胡绳先生是苏州人，2011年苏州市委相关部门还与中国社科院签订协议，设立了"苏州研究特别奖"，用来奖励苏州籍的优秀青年学者，其中就包含着周孝先的心血。当年那些意气风发的青年才俊很多已成为国内学术界的领军人物，这足以告慰周先生等人当年的一片良苦用心了。

第七章　酷爱收藏　薪火赓传

陶冶心灵　传承文化

　　周孝先出生于 20 世纪 30 年代的书香之家。其父周子专喜欢舞文弄墨，师父王晋杰早年与上海大书画家、鉴赏家、收藏家吴湖帆交游甚密，并多次获赠吴氏精心绘制的书画作品，在浓郁的文化环境下，周孝先耳濡目染地迷恋上了中华传统文化，这也为他以后酷爱收藏埋下伏笔。

周孝先收藏的爱新觉罗·溥杰的书法作品

　　周孝先自青年时代起主要生活在商业气息非常浓厚的香港，但他骨子里流淌着中华传统文化的血液。他酷爱收藏，醉心于传统文化的搜集与研究，瓷器、家具、石刻、石雕以及名人字画等皆有涉猎，他不只对博大精深的中华传统文化有着浓厚的兴趣，而且兼容并包，广收博取，对域外的其他文化也有着深切的关注。周孝先一有时间和精力便想方设法广泛搜求，他人生中相当一部分时光是徜徉在文化艺术

明窗遂玉此障帧先倒壁即今孟冬月波涛辛
非此漆收出奇石雾卷见叠巘地喻多崎崛峡
来少年瞰犹来乐山水隋老愈趺宕 丁亥孟冬雨
晋本先生属写是帧偶读放翁溆江陵一章情景喜
合节缘五韵为题仿王叔明叠巘生云图 吴湖帆並识

吴湖帆山水画上的题款　　周孝先收藏的吴湖帆的山水作品

的海洋之中的。

周孝先对中华传统美食独有偏爱，他是香港老字号陆羽茶室的常客。这家茶室始于 1933 年，以其经典的传统茶点、餐饮和独特的装修风格吸引着众多顾客。每当有国际友人和中国内地的文人雅士来公司拜访洽谈时，周孝先都会带他们去陆羽茶室饮茶、餐叙，欣赏茶室内的中国字画墨宝、旧式家具等，感受中华优秀传统文化的魅力。他常说的一句话就是：西装可以穿，领带可以系，但中华文化与中华美食不能忘。

香港陆羽茶室

陆羽茶室的菜单

新旧对比　爱憎分明

　　民族英雄林则徐有一句名言："苟利国家生死以，岂因祸福避趋之。"

　　新中国成立伊始，百废待兴，而美国对新中国采取"遏制孤立"政策，对中国实施全方位的封锁——政治孤立、经济封锁、军事威胁……危机前所未有，内忧外患，困难重重。外国及国民党特务在香港的活动十分活跃，商界也在流传着不同版本的恐怖故事，彼时，人人自危、惶惶不安。没有亲身经历的人无法体会到当时的凶险。每当周孝先回忆起当时的情景，并引述其周边友人的亲身经历或流传的真实例子时，他绘声绘色的描述，配合其抑扬顿挫的语调，加之肢体动作，令人仿佛置身其中，那些斗智斗勇的惊险情节甚至与悬疑电影中的情节有得一比。

　　因战略需要，当时国民党的商业机构在香港购买及储存了大量棉纱、棉布等物资，并要将其转运至台湾。而周孝先此时却冒着极大的风险及时安排，将物资运往了内地。这并非一般的商业活动，公司同仁感觉这样安排会有危险，周孝先却淡然地给予了肯定回复，让大家放心去做，出了问题由他一人负责。经过多年战争，新中国成立初期民生凋敝、物资匮乏，每批物资都是兵家必争的紧缺货物。纱布更是战略紧缺物资，在当时的情势下，周孝先安排物资北运在政治上是十分敏感的，他曾收到过恐吓及警告，一些友人也劝他小心行事。面对威逼利诱，周孝先没有屈服，他凭着自己的胆大心细安排物资平安北运到内地。对于急需物资恢复经济的内地来说，这些紧缺的战略物资无异于"雪中送炭"。

　　周孝先敢作敢为，表现出极大的爱国情怀与使命担当，但过去数十年低调的他从未对外提及其当年的"冒险"行为。面对个人的安全威胁，他笑言可审时度势用商业头脑解决问题。周孝先分析：在当时的香港，国民党不可能太明目张胆地进行不当行为。他高薪聘用英国籍业务经理，每天均一同外出吃午餐，并与其共同活动及出席会议，巧妙地利用遮挡的方法与国民党当局斗智斗勇，多次化险为夷、转危为机，由此足见其超人的胆魄与眼光。

"文化大革命"期间，经济受到影响，国家建设急需外汇。周孝先当时正处在艰难的创业期，资金并不算宽裕，但他仍东拼西凑，斥巨额资金保护了 176 件文物，体现了高度的爱国觉悟。

抗美援朝　匹夫有责

纵览古今，许多人的爱国情怀都是在青少年时代萌生的，周孝先对国家和民族的大爱似乎是与生俱来的。

1950 年爆发了震惊中外的抗美援朝战争。应朝鲜党和政府的请求，中共中央和毛泽东主席高瞻远瞩，毅然决然地做出了"抗美援朝、保家卫国"的历史性决策，以大无畏的英雄气概果敢承担起了保卫和平、反抗侵略的历史使命。

1950 年 10 月 19 日，英雄的中国人民志愿军将士雄赳赳、气昂昂地跨过鸭绿江，同朝鲜人民和军队一道，历经两年零九个月舍生忘死的浴血奋战，赢得了抗美援朝战争的伟大胜利。

当时，在美英等国的操纵下，联合国通过了对中国大陆实施全面封锁禁运的决议。这样严格的禁运严重阻碍了两地的物资流通，香港经济也大受影响。

由于香港所处的特殊地位和与内地的地缘关系，尽管管制很严，但大量的军用物资仍经香港悄悄地运到了内地，最为人熟悉的爱国商人是霍英东，他率先参与，冒着种种风险将物资运输到内地，为国家做出了重大贡献。霍英东当时有"船王"的美称，他不惜冒着生命危险将石油、钢材、药品等物资运送到内地，在霍英东运送的这些药品中就包含了被称为"救命神药"的盘尼西林（青霉素）。一名中国商人本能的爱国选择，周孝先把心一横，也投入到了浩浩荡荡的支援国家的爱国行列之中。他们不顾"禁运令"，购买紧缺物资，转道向内地"偷运"，这无疑是冒着很大的风险的。

抗美援朝时，周孝先虽然年纪轻轻，却深明大义。他早已对蒋家王朝失望至极，更对以美国为首的帝国主义列强的侵略行径义愤填膺。他胸怀一腔爱国热情，积极参与在香港上环苏杭街（香港的纺织品交易集中地点）活动的多位商人组织的援朝贸易行动。为克服经费紧张的困难，他甚至不惜变卖家传的和师父赠予他的藏品，将其换成资金购买棉纱、棉布等纺织品货源，他还通过外国客户的关系购买盘尼西林等当时极缺的药品。盘尼西林在现在是一种不足为奇的抗生素药，但在当时却是战场上贵如黄金的"救命药"，甚至有钱也买不到。很多在战场上受伤的士兵，最后都是细菌感染致死的。支援军队，帮其减少伤亡，周孝先想方设法弄到盘尼西林等紧缺药。他以英籍经理的名义并利用外国人在香港的脉络关系，过五关斩六将，花费大量的心思和财力、物力打通种种关节，历经各种艰险，将购入的药品、通信器材运到内地，有力地支援军队所需，为国家建设和打胜仗贡献了自己的力量。后来周孝先笑言，洋经理办妥这批物资令他喜出望外，因为海关控制此类军用器材和药品极为严格，经过他的巧妙安排与周旋，这位英国人竟然也在不经意间为中国做出了"特殊贡献"……

光阴如白驹过隙。2020年，中共中央、国务院、中央军委向参加抗美援朝出国作战的、健在的志愿军老战士、老同志等颁发"中

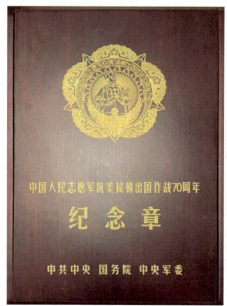

"中国人民志愿军抗美援朝出国作战 70 周年"纪念章

国人民志愿军抗美援朝出国作战 70 周年"纪念章。尽管还有许多无名英雄、幕后英雄没有得到这枚弥足珍贵的纪念章，但看到用鲜血换来的国家和平与人民安定，相信周孝先与其他为抗美援朝做出过贡献的仁人志士也一定会感到欣慰。

屏居佳器　美美与共

周孝先对古家具的收藏已到了痴迷的程度，他觉得古家具是中国古代美学的集大成者。他不仅收藏明清时的一些古家具，而且还根据著名收藏家、有"京城大玩家"之称的王世襄所著的《明式家具研究》等图录仿制了一批明代家具珍品，其中就包括捐献给浙江大学艺术与考古博物馆的部分藏品。

随着藏品日益丰富，周孝先富于收藏的名声慢慢在商界、收藏界传开了。据胡秀莲回忆，香港商界的许多大佬看中了他们家收藏的红木家具，还有一些颇具实力的成功人士也相中了他们家的藏品，都想出巨资让周先生转让给他们。藏品来之不易，好东西更是可遇而不可求，无论对方出资多少，周先生都婉言谢绝了。

作为商业骄子、成功人士的周孝先在花钱方面表现得既"小气"又"大方"。俗话说"爱美之心人皆有之"，胡秀莲气质高雅脱俗，是一个爱美的人，看到漂亮的东西难免会动心。以前她要周先生买首饰，周孝先总是找各种借口搪塞她；但是只要胡秀莲一提她发现了好的古董或者中意的收藏品，周孝先就表现得特别慷慨大方，会毫不犹豫地购买。冰冻三尺，非一日之寒；滴水穿石，非一日之功。就这样数十年，"夫唱妇随"，胡秀莲也喜欢上了收藏，夫妇二人积累下了不少藏品，其中不乏精品、孤品。

周孝先与胡秀莲认为，好的东西要共享，要"美美与共"，要给这些来之不易的藏品找一个好的归宿，而不是仅仅限于私人之间流转，这也是他们后来决定向浙江大学捐献藏品的主要原因之一。

周家向浙江大学捐赠的家具中，部分制作于 20 世纪八九十年代的家具与王世襄所著《明式家具珍赏》中收录的高度一致，可称得上是质量上乘的一批仿古家具。这些家具，无论是用料还是做工都可圈可点。王世襄在其专著中提出的家具十六品是简练、淳朴、厚拙、凝重、雄伟、圆浑、沉穆、浓华、文绮、妍秀、劲挺、柔婉、空灵、玲珑、典雅、清新；八病是烦琐、赘复、臃肿、滞郁、纤巧、悖谬、失位、俚俗。这十六"品"和八"病"对于指导后人品鉴明式家具的造型和艺术价值有重要意义。

正值盛年的周孝先（背景为其部分收藏品）

周孝先与胡秀莲在收藏的老家具前合影

周孝先、胡秀莲捐赠给浙江大学的部分家具

花梨木三屏风绦环板围子罗汉床（214cm×130cm×81cm）

黄花梨独板垛边霸王枨画案（220cm×67cm×83cm）

黄花梨攒牙子栏杆带屉雕龙架格（95cm×41cm×178cm）

如此精美的物品，既有实用价值，更兼具欣赏价值，体现了我国独特的生活美学。

《明式家具珍赏》1985 年在香港出版，短短五年时间内，周孝先便让这批家具得以复刻呈现，可见他对收藏的热衷，对传统文化的痴迷。

痴迷收藏　热衷传承

收藏已经成为周孝先生命中不可分割的一部分。

据上海文物商店金培章经理回忆：他 1978 年到上海文物商店工作，2000 年左右正式与周孝先打交道（之前都是老一辈人如薛贵笙经理等接待周先生）。周孝先对古玩非常喜爱，每次来上海或去苏州东山，都要到文物商店看看、坐坐。

周孝先曾说自己主要是喜欢文物商店的氛围，古色古香的布置，一杯茶一泡就"海阔天空"了。遇见投缘的人，周先生谈锋甚健，除了聊古玩，也会跟他们聊历史、聊改革开放中的一些有趣的故事，非常随和，经常一坐就是几个小时。周先生最后一次由家人陪同到上海文物商店是 2015 年，也是与大家坐在一起聊聊天，但能感觉到过去那个非常健谈的周先生已经步入老年了。

金经理说周先生兴趣广泛，大凡好的物件，家具、陶瓷、玉器、书画等都会买，他应该是一个杂项收藏家。

1987 年，上海市文物商店薛贵笙经理等应周孝先邀请到香港考察文物市场，当听说上海文物商店没有检验钻石的仪器时，周孝先当即在香港购买了两件检验仪器送给了上海文物商店。

胡秀莲女士回忆，周先生到内地出差，一下飞机，不需要别人

周孝先捐赠上海文物商店仪器
给海关的函

来接机，他便自己坐机场大巴或地铁到文物商店，有时一待就是一
整天，中午就简单吃碗面，下午则接着谈天说地看文物。

　　一个殷实富有的实业家，行事却如此低调和节俭，单这一点就
足以让人钦佩。

　　20世纪90年代，内地改革开放如火如荼，周孝先频繁地往来
于香港和内地，除了商业考察和交流，他还忙中偷闲不时光顾古玩
字画等艺术品市场。对他而言，这既是个人爱好，也是商务活动之
余的放松与缓解。每到一处，他都像被施了魔法一样，流连忘返，
看到中意的东西，久久不愿离去。

　　这一点，在时任绍兴市人民政府外事与侨务办公室主任王继岗
那儿也得到了印证。据王先生回忆，绍兴是当年周先生常来的城市。
绍兴，简称"越"，古称越州，已有2500多年的建城史，是首批
国家历史文化名城，素有"文物之邦、鱼米之乡"之称，不仅是著

上海文物商店

名的水乡、桥乡、酒乡，也是著名的书法之乡、名士之乡。闻名遐迩的文化古迹有兰亭、禹陵、王羲之故居、贺知章故居、鲁迅故里、沈园、柯岩、蔡元培故居、周恩来祖居、秋瑾故居、马寅初故居等。周先生对绍兴悠久的历史与灿烂的文化产生了浓厚的兴趣，他曾多次到绍兴，往往不是为了商务，而是专门奔着古玩藏品去的，经常是下车伊始，不顾舟车劳顿，便风尘仆仆地直奔绍兴城内的文物商店与古玩市场……周先生对传统文化的热爱与对收藏品的迷恋让王继岗大为钦佩，迄今回忆起来仍深有感触。

其中也不乏收藏时的小故事。有一次，在杭州古玩市场闲逛时，周孝先发现了一批仿宋代官窑的龙泉瓷器，尽管是仿品，但釉色丰富、胎质细腻。他见到如此精美的东西，其标价却非常低廉，心想，买来养养眼、送送朋友也好啊！当时商家只在摊位上摆放了几十件，周孝先实在太喜欢这些东西了。于是他随摊主开车到厂家位于萧山的生产仓库，当看到形制各异、琳琅满目的大小成品时，周孝先觉得很不错。经过与摊主商量，他最后干脆一股脑将大大小小 1700多件全部买了下来。如此多的东西，又是易碎品，运输就成了一个难题。周孝先经常挂在嘴边的一句话就是："只要脑袋不卡壳，办法总比困难多。"他让人将 17 座的商务车后面的座位拆掉，腾出空间，仔细打包，大大小小，满满当当，整整拉了一车。类似的情形在他的收藏生涯中不止一次。

常存慈心 广结善缘

周孝先、胡秀莲非常关心古迹修缮及宗教事业。

热心公益，积德行善，造福子孙万代，是周孝先一生的善念善举。"行善事交善友结善缘，存慈心行慈举广慈门"，这副对联他记了一辈子，也做了一辈子。

雨花禅寺地处苏州吴中区东山镇雨花胜境景区，是东山镇历史上的九寺之一。2012 年，经苏州市吴中区民宗局批准，雨花禅寺原大殿重建。

2013 年 5 月，周孝先夫妇回乡探亲祭扫时，在东山镇政协工委主任邱惠萍的陪同下，赴雨花禅寺实地踏看重建的大殿。

得知雨花禅寺大殿重建面临资金缺口时，夫妇二人主动伸出援助之手，捐赠人民币 3 万元。雨花禅寺住持通休法师代表全寺僧众对周孝先夫妇表示感谢。

"雷峰夕照"是闻名遐迩的西湖十景之一，雷峰塔的传奇故事及其相关传说更是家喻户晓。2001 年，举世瞩目的雷峰塔开工重建。浙江省及杭州市政府向海内外社会各界发出了捐建雷峰塔的倡议。当得知雷峰塔要重建的消息后，周孝先通过浙江省政府侨务办公室

雨花胜境牌坊

捐赠人民币 5 万元，为杭州雷峰塔的重建尽了自己的一份心力。

　　周孝先是一个虔诚的基督教徒，他对一切追求真善美的人都怀有深深的敬意。他认为追求至真至善至美应该是全人类共同的追求，大美无域，大爱无疆，真正的爱是超越时空与疆域的。

修缮老宅　抢救古建

　　明代吴中人唐寅曾有诗云："世间乐土是吴中。"地处太湖核心的吴中，是橘市桑村的东山、世外桃源的洞庭，是贴水成街、古桥林立的甪直，是古街逶迤、庭院幽深的杨湾……

　　吴中东山历代名门望族很多，他们的宅第园林也多保留了下来。现存明清建筑约占全镇建筑面积的十分之三，其中古建筑类的各级文物保护单位和空置建筑就有 37 处。著名的明清建筑有凝德堂、明善堂、绍德堂、春在楼等。东山的民居，既有庄重古朴的深宅大院，又有小巧玲珑的园林小筑；既有装饰豪华的宅第，又有与名人有关的宅院；既有官第，又有民宅。

　　东山的古建筑群历经世事沧桑，仍以宁静而祥和的面貌存留后世，自然也得益于当地有识之士对文物古建筑的保护。面对这些历史遗迹与文明的见证，保护和修缮是亟须解决的问题。周孝先对此也做出了自己的贡献。

　　斜角墙门是明代建筑，原址在乡镇政府里，年久失修，经过岁月的淘洗，已破败不堪。1994 年，定居东山的周孝先花 20 万元，购买其偏楼、花厅，又耗资 20 万元把偏楼、花厅原貌迁至启园路南长泾港边，并按照构件编号一件一件重新组合起来，使其恢复本来的面貌。

　　周孝先对热爱和保护传统文化的行为也非常称赞和嘉许。

　　2017 年 4 月 19 日，作为香港国际棉业有限公司主席，年近九旬的周孝先偕夫人胡秀莲女士参观了"东山方志名人馆"陈列室后，当即捐款对馆长薛利华兢兢业业地工作表达敬意，钱虽不多，却是对薛馆长的莫大鼓励。

　　周孝先就是这样，只要是有助于中华传统文化保护与传承的东西，他都热爱；只要是老祖宗留下的宝贝，他都喜欢，这种热爱和喜欢是不带任何功利色彩的。

周孝先购买的明代建筑

经过重新组装后的偏楼、花厅

第八章　广交名医　襄助医学

世家之交　杏林情缘

誉满中外的中国京剧、中国绘画、中国医学为中国的"三大国粹"，是代表中华优秀传统文化的"三大国宝"。从小受传统文化影响的周孝先对中医药情有独钟。

周孝先与医学界结缘最初源于他的表姑父吴桓兴。吴桓兴先生是我国医学界的一个"传奇"。

吴桓兴（1912—1986），祖籍广东梅县，出生在非洲的岛国毛里求斯，为毛里求斯归侨，曾任复旦大学附属肿瘤医院荣誉教授、中国医学科学院和肿瘤医院所长和院长，是中国现代肿瘤学和放射治疗学、化学治疗学奠基人之一，还曾做过周恩来总理的保健医生。

19 岁那年，吴桓兴在上海复旦大学攻读医学专业。1937 年，在获得医学博士学位之后，他走出国门，先后到比利时、英国和法国进修，并在英国从事肿瘤研究和医疗工作。1946 年，已是英国伦敦皇家医学院放射治疗科副主任的吴恒兴山仟中国中比镭锭医院院长。吴桓兴曾是国际放射防护委员会常委、国际抗癌联盟理事会的第一位中国理事。为纪念他在中国肿瘤防治方面做出的贡献，1988 年 3 月在北京成立了以他的名字命名的"桓兴肿瘤医院"。

吴桓兴医术精湛，医德高尚。经他诊治的名人有末代皇帝爱新

吴桓兴教授

周孝先与表姑父吴桓兴

周孝先（右二）与吴桓兴（左三）及美国陆军部长马丁·理查德·霍夫曼（Martin Richard Hoffmann）（左四）等合影

晚年的周孝先与七孃孃毛芝英（右一）及其子吴璇光合影

周孝先先生在公司北京办事处用过的浴巾

觉罗·溥仪、共和国元帅陈毅、一代侨商陈嘉庚等，但更多的是平民百姓。无论地位高低，他都一视同仁，尽心尽力，从不马虎。

在治疗子宫颈癌时，为了降低放射损伤并提高疗效，吴桓兴研制了"北京型镭容器"。他在西医治疗肿瘤的手段（手术）、放射治疗和化学治疗方面均有很高建树。

周孝先为人淳朴，待人真诚，与吴桓兴先生又是亲戚，因此他通过吴先生结识了许多医学界的朋友，也坚定了他信奉传统中医药的信念。

吴桓兴的夫人是周孝先的表姑，与周先生感情甚笃。据吴桓兴先生的儿子吴璇光回忆，吴、周两家是世交，已有75年的交情，他（吴璇光）喊周孝先的父亲周子专为"周家伯伯"。周孝先喊他的母亲毛芝英女士（2023年1月去世，享年107岁）七嬢嬢。当周孝先还是小孩子的时候，毛芝英像对待自己的孩子一样为他擦鼻涕，给他买饭吃，可以说毛芝英是从小看着周孝先长大的，对周孝先的为人和成长了如指掌，因此他们之间有深厚的感情。

吴璇光是20世纪70年代中期认识周孝先的，那时他当兵回来发现家里有个瘦瘦的、个头不算很高的客人，母亲告诉他那是家中的亲戚。吴璇光回忆，虽说从事的是商贸生意，平时比较忙碌，但周孝先非常热爱生活，很多事情都喜欢亲自尝试。周孝先还教过他如何炒羊肉才好吃：羊肉切好后腌制一下，大蒜切成薄片与羊肉放在一起爆炒，火候要把握得好，这样味道和口感才会好。

2019 年 5 月，吴璇光陪刚出院的母亲去上海看望周孝先一家。据吴璇光介绍："当时母亲已是 104 岁高龄，周先生夫妇对母亲非常敬重，他们一见面总有说不完的话。那时已经 89 岁的周孝先因为身体原因不怎么喜欢吃饭，母亲就像劝小孩子一样哄他吃饭；周先生不怎么说话，但是看见他母亲就开口说话了。"由此可见他们之间的深厚感情。

吴璇光的夫人也与周孝先有过接触，她觉得周孝先是一位非常有智慧，心中有数、滴水不漏的人。他在困难的大环境下获得了很多支持，既是因为他幸运，也因为他是个聪明睿智的人。

尽管生意做得不错，周孝先却淡泊自适，过着一种简单素朴的生活。如今吴璇光还珍藏着一条当年周孝先在北京设立办事处时使用的浴巾。浴巾已经用了好多年，洗过好多遍，经过岁月的淘洗，都有些褪色了。周孝先的朴素与节俭，由此可见一斑。

亦师亦友　莫逆之交

周孝先笃信中医，结识交往了很多中医界的名医。国医大师张镜人就是其中一位。

张镜人，1923 年出生于上海的中医世家，是上海市第一人民医院主任医师、中医内科专家，为张氏内科第十二代传人，是海派中医学的代表。他不仅擅治发热性疾病，而且对内科杂病及疑难疾病，如眩晕症、冠心病、心肌炎、慢性胃炎、慢性结肠炎、慢性肾炎、尿毒症、皮肌炎、红斑狼疮、多发性骨髓瘤、口腔黏膜病的多发性扁平苔藓、口腔黏膜病的多发型白斑等均有丰富的辨证论治经验，特别是对临床常见的慢性萎缩性胃炎和慢性肾功能衰竭有系统地观

张镜人医师

察研究。他编著了《中医治疗疑难杂病秘要》一书，从内科、肾科、皮肤科、神经科、外科、骨科等诸多医科的疑难杂症入手，翔实介绍了临证药方、治法等。他先后发表论文100余篇，主编、参编专著近20部，为后人留下了丰富的著述。2009年6月14日，国医大师表彰大会前夕，他在上海华东医院病逝，享年86岁。

张镜人擅长诊治疑难杂症，被誉为"沪上中医第一人"，周孝先与他为莫逆之交。周孝先的许多中医知识与养生秘方都来自张先生。每每到沪，周孝先必定去拜访张先生，二人一见面便打开话匣子，既谈中医，也谈收藏，有说不完的话题，经常聊得不亦乐乎。过去的老中医对传统文化，尤其是书法艺术有很深的造诣。或许是开药方经常用毛笔使然，许多名中医都能写一手漂亮的小字。据说张先生对书画扇面收藏颇富，被誉为"扇面大王"。黄金易得，知音难寻，周孝先为酬报知己，特意馈赠了张镜人一对黄花梨圈椅和茶几，张先生非常喜欢，视为珍宝，家中来贵宾常以此作为背景或道具拍照留念。

周孝先的许多养生之法都得益于张镜人医师的指点，张先生去世后周孝先伤感不已，痛惜自己失去了一位医学上的老师、收藏方面的益友。

尊重中医　捐资襄助

周孝先是一位开明人士，他不反对和排斥西医，但对中医药却十分偏爱，鼎力捐资支持祖国的中医药发展，支持全国人大代表、香港中文大学中医中药研究所所长、香港医院管理局荣誉顾问医生、国际骨科研究学会会长、新亚书院原院长、银紫荆星章获得者梁秉中教授建立中草药基地。

梁秉中教授

梁秉中，1941 年 1 月生，香港中文大学教授，是知名显微外科及手部外科专家。1966 年毕业于香港大学，1970 年获英国爱丁堡皇家外科医学院院士及澳洲皇家外科医学院院士衔，1994 年成为香港中文大学首位理学博士。梁教授在学术研究和医术上成就卓著，研究领域包括外科、骨科、显微外科、教育、公共卫生和中医中药等，并屡获奖誉。他发起组织香港医务界的"关怀行动"，早在 1998 年就在遵义县（今遵义市播州区）人民医院设立了培训中心，为医院培训骨科医护人员。

梁秉中教授结合自己多年来在中药方面的研究心得及香港中文大学中医中药研究所的重要研究成果，把药品分为三种：上品延命、中品调性和下品治病。他旁征博引，融通中西、深入浅出地指出中药的五个研究方向，即"古药中用、中药提取、古方新用、补充品种、重新组合"。他希望现代医学的发展可以使中西医的治疗有新的突破，最终患者可以结合自己的实际需要去选择最合适的治疗方法和途径。

据梁秉中教授回忆，2004年，他通过香港执业资深会计师刘世镛先生的引见结识了周孝先先生。刘世镛先生是香港中文大学的校董，也是周先生公司的财务顾问，对周先生非常了解。他说周先生是一位忠厚长者，对中国传统文化非常热爱，尤其是对中草药情有独钟。周孝先对梁教授的医学理念非常认同，当得知中医药研究存在资金缺口时，周孝先毫无条件地捐赠25万港币作为梁教授开展中医药研究的经费。2005年，周孝先又将自己在广东肇庆高要的7万平方米（105亩）的厂房用地用作中草药种植基地。2006年，仁高基地正式建成运营，这对弘扬和宣传中草药起到了积极的推动作用。

相对于西药而言，当时中草药在香港还比较"冷门"。因此，弘扬和宣传中草药就显得尤为重要，而在传统中医药宝库中，岭南中草药有其独特的重要性，广东北部成为中草药的种植基地对中草药的发展有着特殊意义，对挖掘和传承中草药是锦上添花。这一举动对普罗大众和研究机构而言，都是一个福音。随后几年，香港中文大学又在深圳建了一个中草药种植基地，仁高基地的种植经验给他们提供了可资借鉴的样板。

许多年过去了，当提到周孝先时，已经年逾八旬的梁秉中教授还是深情地说："我虽与周先生只有过几次接触，但感觉他是一个非常和善且待人真诚的人，从捐赠善款到付诸行动，都是实实在在，一步一个脚印，是一个非常踏实、务实的实干家。"对于周孝先对传统文化的热爱与保护及其公益慈善之举，他更是敬佩有加。

毛泽东主席曾说过："中国医药学是一个伟大的宝库，应当努力发掘，加以保护。"

梁秉中教授在为《当中医遇上西医》一书撰写的序言中指出："科技的成果，造成了它的专横跋扈，早已形成唯我独尊之势，除非传统医学能及时引进科学，利用科学，否则也只好安于自我封闭了。"

仁高中草药种植发展基地开幕仪式（左六为周孝先、左七为刘世镛、左八为梁秉中）

　　面对西方一些人对中医药的指责和诟病，作为一个骨子里热爱中华传统文化的人，周孝先没有受到干扰，他尊重中医学，笃信岐黄之术，为了种植出绿色无污染的中药材，他无偿地将资产贡献出来用作中药材种植基地，捐资襄助梁秉中先生，与香港中文大学中医中药研究所通力协作，建立了"仁高中草药种植发展基地"，以期用中华传统医学治病救人，惠及民生，周孝先之举泽被后世，功德无量。

仁者仁心　慷慨解囊

北京协和医院的老院长、著名医学家朱预教授也是周孝先在医学界的好友。

朱预教授是我国著名的外科学家、医学科学家、教育家和医院管理专家，中国普通外科内分泌外科学奠基人之一，中国普通外科重要领军人，被称为"外科学巨匠"，曾任北京协和医院院长、顾问。

朱预教授 1927 年 10 月 28 日出生于江苏省昆山市。1947 年考入国立浙江大学医学院，1952 年到北京协和医院工作，历任外科住院医师、主治医师、副研究员、研究员、教授及博士研究生导师。1982—1983 年赴美国宾夕法尼亚大学外科做访问学者，1984—1992 年任北京协和医院院长，1986 年被评为国家级有突出贡献的科技专家，1988 年被卫生部授予"全国优秀院长"称号，1992 年起担任北京协和医院顾问。曾任第八届全国人大代表，全国人大教科文卫委员会委员，中华医学会常务理事，中华医学会外科学分会主任委员、名誉主任委员，《中华外科杂志》总编辑，国际外科学会中国国家代表，香港外科学院荣誉会员等职。

朱预从医 60 余年，知识渊博，涉猎广泛，临床经验极为丰富，手术技巧炉火纯青，尤其擅长疑难疾病的外科诊治。他在胰腺癌、胰腺内分泌肿瘤、胰岛细胞移植、甲状旁腺移植、外科营养及大血管疾病等方面的诊治与研究上均有卓越贡献，推动了我国胰腺外科和普外内分泌外科的发展进步。他曾先后荣获国家科技进步奖二等奖两项，省部级科技进步奖一等奖一项、二等奖五项、三等奖三项。

朱预教授特别重视通过国际交流培养人才。他带领医院外事办同志多方寻求外援，为医院争取到国际及港澳台的各种双边和多边项目基金支持。在此间设立的卢观全奖学金、周子专奖学金（周

朱预教授

周孝先与朱预

孝先以父亲的名义设立的）等的资助下，大批中青年骨干被陆续送往国外深造，将国际先进的技术和理念引入中国，带动了协和乃至中国医疗水平的整体提高，为协和保持国内领先的学术地位奠定了坚实基础。而"周子专奖学金"就是在朱预任院长时，以周孝先父亲的名字命名设立的，这在很大程度上就是因为朱教授与周先生的缘分。

北京协和医院是一所集医疗、科研、教学为一体的大型综合医院，迄今已有百余年的历史。建院之初就志在"建成亚洲最好的医学中心"。

改革开放初期，国内的经济还不是很发达。协和医院百废待兴，各方面条件亟待改善。在得知这所驰誉中外的著名医院的多功能厅需要装修时，周孝先慷慨解囊赞助了装修费用，使大楼内部焕然一新。

1996 年 9 月 16 日，适逢"北京协和医院建院七十五周年暨新业务楼启用庆祝大会"，时任国务院总理李鹏、时任全国人大常委会副委员长吴阶平及时任卫生部副部长陈敏章为周孝先参与装修的北京协和医院新业务楼剪彩。

协和医院是中国最早承担外宾医疗任务的单位，平时迎来送往，接待任务很重，医院用车较为紧张。周孝先了解到这一情况后，马上捐赠了一辆考斯特和一辆七座（俗称"子弹头"）的丰田商务车。捐赠的车子缓解了医院用车的紧张状况。

周孝先的所作所为给协和医院的工作人员留下了很深的印象。尽管过去了很多年，曾任院办副主任的赵琳女士还能想起周孝先的音容笑貌。她记忆中的周孝先，衣着得体，身板坚挺，待人接物非常平易和善，言谈举止彬彬有礼；胡秀莲则雍容华贵，尽显大家闺秀的气质；周先生的一女一子也非常有礼貌，他们良好的家教修养给她留下了很好的印象。

周孝先、胡秀莲出席捐赠北京协和医院设备交接仪式

庆祝大会现场

时任卫生部副部长陈敏
章和周孝先夫妇在捐赠
仪式上

周孝先的父亲周子专先生曾在协和医院接受治疗，在协和医院医生的悉心护理下，周子专老先生得享高寿，在医院度过了百岁生日，并在这里走完了人生的最后一段时光。周子专老先生辞世后，协和医院专门安排车辆，将老人的灵柩送回江苏老家。

周孝先热爱中华文化的突出表现之一就是热爱祖国的中医药，他不仅为北京协和医院装修了业务大楼多功能厅，助力祖国的中医研究与发展，还以父亲之名在香港和北京协和医院设立了"周子专奖学金"，用来奖励那些品学兼优的学子。这体现了他对传统医学的尊重与支持，也映射出他对父辈的孝敬之心。

当年的北京协和医院"教育通讯处"这样记录：

"周子专研究生奖学金"是香港国际棉业公司董事长周孝先先生和夫人胡秀莲女士为关心我院青年医师的培养，以周先生尊翁周子专先生名义捐赠设立的研究生奖学金，此奖学金每年7月份评选一次，9月份开始发放，以品学兼优为评选标准。每年评选出40名，批准获奖的研究生，每人每月可领取人民币120元（按当时的生活水平，完全可以满足学生一个月的生活费），学籍有效期间可连续领取12个月，每名研究生最多不能超过两次获得此项奖学金，在领取奖金期间，如有品行重大问题者，则取消其奖学金资格。

周先生先后向协和医院捐赠了500余万元，这在20世纪90年代是一个天文数字了。

救死扶伤，仁者仁心。周孝先还多次慷慨解囊，资助内地与香港的医学事业。

香港港安医院始建于20世纪60年代后期，是哈里·米勒耳（Harry Miller）医生与两位教会传道人艾拉·罗威（Ezra

1996 年北京协和医院为周孝先颁发感谢志铭牌

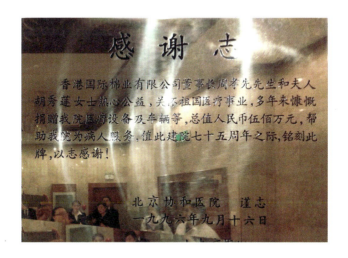

感谢志铭牌

北京协和医院院刊　　　　　　　北京协和医院教育处通讯刊发"周子专研究
　　　　　　　　　　　　　　　生奖学金"消息

Longway）牧师及罗伯特·米伦耳（Robert Milne）牧师兴建的
一所医院。香港港安医院是一所非牟利的私家医院，位于香港岛中
半山，环境宁静优美，从内到外的设计都很精致。医院一直强调以
高科技医疗配合个人化护理，向病人提供专业的医疗服务，得到了
世界众多医疗机构的认可。

　　周孝先热心社会公益，平时就非常关心民生健康，当得知港安
医院升降机老化及病房不足时，他慷慨解囊予以资助。

　　1989年5月20日，周孝先捐款资助香港港安医院兴建升降机
及病房，并出席捐赠仪式及医院25周年庆典。

周孝先夫妇与北京协和医院医护人员合影

港安医院外景

港安医院内景

港安医院病房

周孝先出席捐赠仪式及港安医院 25 周年庆典并致辞

周孝先、胡秀莲出席捐赠仪式及医院 25 周年庆典时在医院参观及留影

周孝先先生曾經捐款共港幣一百二十萬給香港港安醫院－司徒拔道及支持港安醫院慈善基金轄下兒童心臟基金，詳情如下：

香港港安醫院－司徒拔道

捐款年份	受惠部門	購買儀器或裝修	捐贈者
沒有資料	六樓	裝修	周孝先先生暨夫人及其他善長
1993-94	消毒供應部	購買熱壓消毒器	周孝先先生暨夫人及其他善長
1996	新手術室	裝修	周孝先先生及其他善長
1997	手術室	購買眼科顯微鏡	周孝先先生及其他善長
沒有資料	婦產科	裝修病房	周孝先先生暨夫人

港安醫院慈善基金

年份	基金	金額 (HK$)	捐贈者	目的
1999 - 2000	兒童心臟基金	沒有資料	周孝先先生	資助患先天性心臟病兒童接受手術

周孝先捐赠港安医院一览表

中华医学会向周孝先颁发的捐款证书

　　多年以来，他先后向港安医院捐赠港币 120 万元，在一定程度上改善了医院的硬件设备并促进了医院医疗水平的提升。

　　1998 年 9 月 28 日，周孝先、胡秀莲伉俪捐赠 5 万元人民币支持中华医学会业务楼改建工程，中华医学会向其颁发了捐款证书。

　　更多的善举善事已无从考证，低调的行事风格是周孝先内心深处良善的根本所在，没有个人利益的考虑，只是为了社会，为了能帮助到他人。

饮食养生　动静结合

由于表姑父吴桓兴的关系和其他社会交往，周孝先结识了许多医学界的朋友。他笃信中医，而且还有自己的一套养生理论并付诸实践。

饮食养生又称"食养""食补"，泛指利用饮食达到营养机体、保持健康或增强体质的活动。我国历代医家都主张"药疗不如食疗""药补不如食补"，饮食养生不仅能够滋养身体、预防疾病，还能起到延缓衰老、延年益寿的作用。

1958 年，毛泽东同志曾总结四言韵语·养生十六字诀：

遇事不怒，基本吃素。

多多散步，劳逸适度。

这"十六字诀"用在周孝先身上也是非常合适的。"基本吃素"与"多多散步"是周先生几十年的生活习惯，不论身在何处，他一直保持着。他一向注重健身养生，特别喜欢疾走，而且走路速度很快，在香港时从家中到办公室大约 2 公里，他走路只用 20 多分钟便可抵达，一般人根本跟不上他的步伐。

周孝先深知中医的精髓与奥妙：懂点中医，可以保命，上可尽孝，下可尽慈。饮食有节，保证定时、定量进餐，细嚼慢咽，心情愉快，四菜一汤，粗茶淡饭，清淡为主，这便是其生活常态。

周孝先对养生之道有自己的理解且身体力行。譬如他晚间入睡之前要吃一个苹果，然后凝神静思，握拳打坐。

为什么在众多水果中独独选择苹果？他笑着说："每天一个苹果，健康追随我，疾病远离我。"

　　自年轻时代开始周孝先就非常喜欢古典音乐，购买、收藏了许多经典唱片，还热衷于摄影与旅游，尤其是对艺术品的收藏，这些爱好既缓解了繁忙的工作带来的疲劳，又让他生活充实、身心愉悦。他不烟不酒，却非常喜爱品茗。

　　周孝先的儿子周宗元回忆：父亲有一股不服老的精神，即便上了年纪，也像"老小孩"一样喜欢挑战自我。有一次，已经是古稀之年的父亲，在游览四川九寨沟黄龙风景区时，冒着高原反应的风险，一鼓作气走了上去。类似"老夫聊发少年狂"的情形经常发生，一方面说明他身体素质不错，另一方面也说明他是一个不畏艰险、不轻易言弃的人。

　　周孝先平素喜欢健身，游泳和打高尔夫球是他最喜欢的两项运动。收放自如，动静结合，所以周孝先得享高寿，以90岁的高龄"驾鹤西游"，魂归道山。除了遗传基因外，平时清心寡欲，始终保持良好的心态是其长寿的重要原因。

第九章　君子之交　其淡如水

周孝先是商界精英，成功的实业家、香港的"棉花大王"，在全球业界也很有影响力，可谓朋友遍天下，日本、美国、澳大利亚、巴基斯坦等国家和地区都有他的合作伙伴或生意上的朋友。

除了生意伙伴，他还结识了各行各业中的许多精英人士。

周孝先的朋友并不只限于商界，国家领导人陈毅、王震、伍修权、廖承志、吴阶平、雷洁琼、杨汝岱、陈丕显、任仲夷等老一辈无产阶级革命家，改革开放以来的李瑞环、路甬祥等领导人也和他有很深的交往与友谊。

他在国家有难时出手相助，与身居高位的国家领导人一样有为国富强而奉献的精神，他们惺惺相惜，互相敬重。他在事业版图遍及之处都会结交到好朋友，更多是他为人着想的习惯使然。他是国人赞美的"义士"，他的海外朋友无不为他热烈的爱国情怀和浓浓的民族自豪感所感染，并由此而敬佩他，也会在他为国家发展相求时，愿意不计较经济利益而给予积极支持，不远万里一起去大漠戈壁投资建设。外国友人理解他的中国心，他也把中国传统文化传播到了海外，影响了更多的人。

周孝先兴趣广泛、热情好客，可谓朋友遍天下，加上常年在各地奔波，不同行业的许多精英人士都是他的良师益友。周孝先出身书香之家，受家庭和师父影响，从小喜欢琴棋书画，成年后又喜爱

谢稚柳为周孝先创作的《秋山积翠图》（现藏于香港国际棉业有限公司）

收藏，因此，与文人墨客交往甚密。很多文艺界名家也是他的好朋友，如曲艺界一代泰斗、相声大师侯宝林，书画界海派名家谢稚柳、陈佩秋夫妇等都与他有过交往。

计划经济年代，一切都是凭票供应，对于很多画家而言，能够糊口已经不错了，很少有闲钱购买笔墨纸砚和颜料。周孝先得悉一些画家的困难后，慷慨解囊，捐赠两万元作为他们的生活和绘画开销。要知道，在那个年代，两万元可以说是一笔巨款了。

多年来，为了答谢周孝先当年"雪中送炭"的解危济困之举，谢稚柳先生特意精心创作了一幅青绿山水画馈赠给他。青绿山水画为中国传统绘画的重要组成部分，是一种典型的工笔重彩技法，用呈色稳固、经久不变的矿物质石青、石绿为主色，青绿相映，富丽堂皇。《秋山积翠图》为谢稚柳不多见的精品力作，迄今还挂在周孝先香港公司内，是他们友谊的见证。

周孝先喜欢与文人墨客交朋友，同时也非常喜爱字画，多年来他慧眼识珠收藏了许多书画精品，清朝陈经画的《仿吴镇竹石图》（吴昌硕题跋）便是其中殊为难得的一幅。

吴镇（1280—1354），字仲圭，生性喜爱梅花，自号梅花道人，也称梅沙弥或梅花和尚，浙江嘉善人，元代画家、书法家、诗人。他擅画山水、梅花、竹石，与黄公望、倪瓒、王蒙合称"元四家"。

陈经（1792—？），清代吴兴乌程（今浙江湖州）人，字抱之，又字包之，号辛彝，又号新畲。室名鱼计亭、说剑楼、求古精舍，师事阮元，官嘉定主簿。嗜金石，家藏三代尊彝及秦汉以下古钱私印古砖极多；工隶书，擅画花卉，所绘墨竹颇有古趣；亦擅刻印，富藏书，精考证。著有《求古精舍金石图》《名画经眼题记》等。他的《拟梅花道人笔》（即《仿吴镇竹石图》）曾辗转多处由数人收藏，最终被周孝先先生收藏。一代金石书画大家吴昌硕还特意为这位乡贤题跋：

鱼计亭何处，菰城溪尽头，道人种修竹，古意接苇洲，金石坐（作）参考，阮嵇闲倡酬，烦忧苦今日，读画重句留。先生著有《求古精舍金石图》。

吾湖包之陈先生精考据之学，所居鱼计亭额为仪征阮相国题。画不多作，而下笔多金石气，是帧为其犹子辰田世丈购藏。庚子八月重装命题，敬求诲正。安吉后学吴俊卿。

此画几经易手，历经多个年代，经专家鉴定，价格不菲，具有极高的史料价值与学术价值。如今它静静地挂在浙江大学艺术与考古博物馆内，供书画家和后学者们观赏研究。

"海派"大家刘海粟（1896—1994），名槃，字季芳，号海翁，江苏武进人，中国近现代画家、油画家、书法家、美术教育家、美

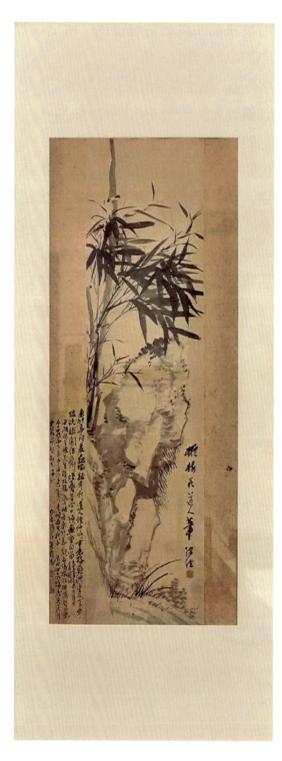

周孝先藏陈经作、吴昌硕题跋的《仿吴镇竹石图》（现藏于浙江大学艺术与考古博物馆）

刘海粟为周孝先画的《红
梅图》（现藏于浙江大学
艺术与考古博物馆）

术史论家、社会活动家。刘海粟中西合璧，古今皆通，是一位全能型的书画艺术家。他曾为周孝先创作了一幅《梅花图》，老干虬枝，摇曳纷披，右上角的题款尤为精彩：

> 临抚石鼓琅琊笔，
>
> 戏为古梅一写真。
>
> 万花敢向雪中出，
>
> 一树独先天下春。

诗言志，歌咏情，其中的诗、情、画正是画家和收藏家的真情流露与真实写照。

费新我，学名斯恩，字省吾。30 岁前改用新我，笔名立千，号立斋，原籍浙江湖州。费新我久居苏州，供职于上海、南京。他擅长中国画、书法，是用左腕运笔而闻名遐迩的书法家，其隶书古拙朴茂，楷书敦厚，行草不受前人羁绊，参以画意，有强烈的节奏感和音乐感。由于商贸关系周孝先经常往来江浙沪三地，因此也得以与费新我结识。费先生与周孝先颇为投缘，欣然书写卢纶的《塞下曲》相赠。

王雪涛，中国现代著名小写意花鸟画家。1923 年，他同李苦禅一起拜齐白石为师。他继承了宋、元以来的优秀传统，取长补短。其作品题材广泛，构思精巧，形似神俏，清新秀丽，富有笔墨情趣。创作上他主张"师法造化而抒己之情，物我一体，学先人为我所用，不断创新"；画法上他讲究工写结合，虚实结合。他既擅于描绘花鸟世界的丰富多彩和活泼生气，又精于表现画家的心灵感受和动人想象。王雪涛擅画牡丹，牡丹喻示着"富贵祥和"。周孝先非常喜欢王雪涛的牡丹，20 世纪 60 年代，他用花了 8000 元买的清康熙时的老宣纸请王雪涛为香港陆羽茶室画牡丹，自己也珍藏了多幅。

周孝先收藏的费新我的左笔书法《卢纶塞下曲》（现藏于浙江大学艺术与考古博物馆）

周孝先收藏的王雪涛的《牡丹图》（现藏于浙江大学艺术与考古博物院）

王雪涛为香港陆羽茶室画的牡丹

20 世纪 80 年代，为了拓展内地的业务，香港国际棉业公司在北京设立了办事处。周孝先因此与京城书画界的许多大家有了更多的交往机会。

周孝先为人大气，见多识广又很健谈，国画大师李苦禅、王雪涛等都愿意与其往来，并且作画馈赠。

李苦禅（1899—1983），出生于山东省高唐县，原名李英、李英杰，字超三、励公，是中国近现代著名的大写意花鸟画家、书法家、美术教育家，在绘画上形成了自己质朴、雄浑、豪放的独特风格。李苦禅是贫农出身，虽客居京城，却乡音不改，他常说："忘了家乡口，不如看门狗"，一口浓重的山东乡音伴其终身。他待人真诚，从不设防，天真自率，为人豪放任侠，秉承了山东"梁山好汉们"的天性和传统。

书如其人，画如其人。李苦禅一生率性而为，喜欢喝酒。李苦禅与周孝先，一个北方汉子，一个南方人士，二人却意气相投。得知李苦禅善饮，周孝先经常利用外出之际为李先生带点好酒与菜肴。

著名画家吴作人赠予周孝先的《金鱼图》
（现藏浙江大学艺术与考古博物馆）

三杯酒下肚，二人往往谈兴大发，成了无话不说的好朋友。

饱经沧桑的李苦禅一般不轻易为人作画，但却为周先生画了多幅作品，每幅都堪称精品。如作于 1978 年的《苍梅图》，老树虬枝，纷披掩映，体现了"雪虐风饕愈凛然，花中气节最高坚"的梅花精神。另一幅《鹤寿图》更是弥足珍贵，它是李苦禅与其子李燕合作馈赠周孝先的，鹤寿千年，硕果累累，寓意美好吉祥。父亲李苦禅画仙鹤，儿子李燕画寿桃，珠联璧合，相得益彰。《鹤寿阁》画面饱满，生机盎然，的确是一幅不可多得的精品力作。

张国基是周孝先的另一位莫逆之交。张先生是个传奇人物，1918 年加入毛泽东发起的新民学会，1919 年五四运动时，是湖南

李苦禅的《苍梅颂》（现藏于浙江大学
艺术与考古博物馆）

李苦禅、李燕父子合作的《鹤寿图》（现
藏于浙江大学艺术与考古博物馆）

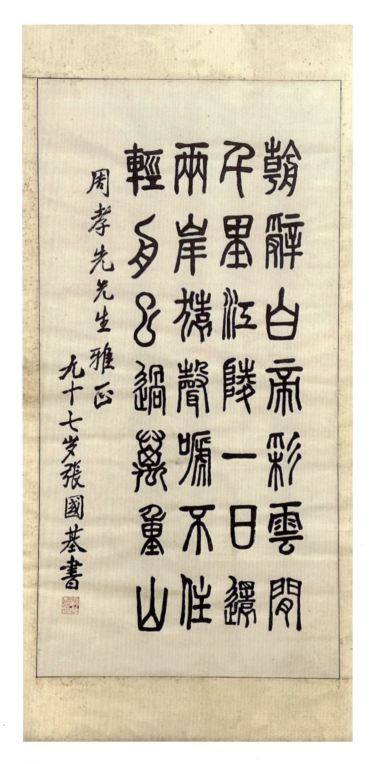

张国基赠周孝先的
书法作品（现藏于
浙江大学艺术与考
古博物馆）

省学生联合会副主席，是一位经历了清末、民国与新中国三个朝代、见惯了历史风云的革命活动家、华侨教育家。

新中国成立后，张国基曾任北京市文史研究馆馆长，北京市侨联副主席、名誉主席，全国侨联主席、名誉主席。由于工作关系，张国基和周孝先成了"忘年交"。

张国基先生阅历丰富，阅人无数，他很喜欢与周孝先交往，尤其是了解到周孝先热心公益、喜爱收藏、乐于传播中华文化后，他在 97 岁高龄时还为周孝先题赠篆书书法一幅，内容正是周孝先最喜欢的李白诗之一《早发白帝城》。

俗话说，有缘千里来相会，无缘对面不相识。机缘巧合，在京期间周孝先与大名鼎鼎的诗人臧克家做了邻居。

臧克家（1905—2004），山东诸城人，笔名少全、何嘉，中国现代著名诗人、作家、编辑家，曾任《诗刊》主编。1933 年，他的第一部诗集《烙印》出版，得到闻一多、茅盾等前辈的好评。1934 年，其诗集《罪恶的黑手》出版，他从此蜚声诗坛。新中国成立后，他又创作了《有的人》等脍炙人口、传诵至今的诗篇。

喜欢文学的周孝先自然与臧先生一见如故。二人相见恨晚，经常在一起促膝长谈。

臧克家为齐鲁汉子，性情一向耿直爽快，热情好客。正如著名学者、国学大师季羡林评价的那样："克家天生是诗人，胸中溢满了感情，尤其重视友情，视朋友逾亲人。好朋友到门，看他那一副手欲舞足欲蹈的样子，真令人心旷神怡。他表里如一，内外通明。"

周孝先自从与臧克家做了邻居，两人似乎有聊不完的话题。每次出差回来，周孝先都给他带些特产，还把自己旅途中的见闻趣事分享给臧先生，他绘声绘色的讲述经常逗得比自己年长 25 岁的臧先生开怀大笑。此时此刻，他们就像是两个返老还童的小孩，无拘无束，

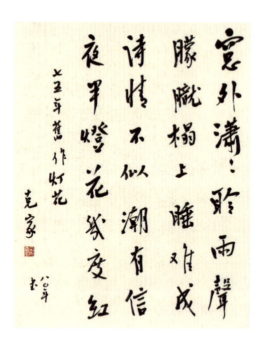

诗人臧克家墨迹

彼此都向对方敞开心扉，聊到尽兴处，周孝先还不时吟咏臧先生的名篇《有的人》中的精彩片段：

> 有的人活着
>
> 他已经死了；
>
> 有的人死了
>
> 他还活着……

臧克家与周孝先这对忘年至交虽已先后辞世，但他们留给后世的高尚品格却一直活在人们心中。

第十章　抱朴见素　魂归故里

洞庭东山　"天堂"之心

"树高千丈，叶落归根。"百年之后魂归故里，安居乡土，是远游他乡的中国人的夙愿。"人生不满百，常怀千岁忧"，周孝先祖籍苏州，祖辈离开故土去上海发展，如今的家乡早已物是人非。东山这方"风水宝地"，周孝先一见倾心。他不愿做浮光掠影的匆匆过客，而是下定决心自己的晚年时光甚至百年之后都居于此地。周孝先亲自选定风景秀丽的江苏省吴县东山镇（今属吴中区）公墓，在其中购置了一部分土地，作为周氏家族墓地。

东山镇是苏州市的旅游名镇，为典型的江南古镇。自古以来，它就以其独特的地理位置，秀美的湖光山色，以及众多名胜古迹、珍贵文物，使人流连忘返。东山因临太湖，故有"洞庭东山"之称。东山镇街道在元、明时就已基本形成，民国前后，全镇已形成西、中、东三个热闹街道。东山是江苏保存明、清民居较丰富的地区，这些都是研究古代住宅建筑的珍贵实物资料。全镇拥有大量的历史建筑及文物古迹，光国家级文物保护单位就有：紫金庵、轩辕宫、雕花楼、明善堂、凝德堂、怀荫堂。东山镇文物古建数量之多，级别之高，保存之完整，在全省少见，称其为"明清古建筑博物馆"实不为过。真山真水、明清老宅、古井深巷、石板老街、千年古树、巍峨牌楼，

苏州东山被称为"天堂中的天堂"

成就了一座"天然的摄影棚",自 20 世纪 30 年代至今,先后有近 180 部影视剧在东山镇取景拍摄。

"山不在高,有仙则名;水不在深,有龙则灵。"东山这个小镇自古迄今,人才辈出。

东山人代代向学、尊师重教,因此东山历史上人才辈出,涌现了一大批政治、军事、科技、教育、金融、文学、艺术等方面的人才。明清中国十大商帮之一的"洞庭商帮",其主体就是东西两山商人。到了现当代,东山镇更是人文荟萃,被誉为"院士摇篮"。在改革开放的大潮中,东山又有许多优秀青年脱颖而出,他们或出国留学,或到国外经商,将"钻天洞庭"精神带到了世界各地。

在众多的东山籍华人华侨和港澳台同胞中,有的因早年从政离开了家乡,有的因到国外读书而定居海外,还有许多人因经商、读书、从艺等各种原因离开了东山并在外闯出了一番事业,如香港著名作

东山镇遗存的部分古建筑

家唐人，著名画家和鉴定家王季迁，著名演员夏梦，著名实业家周文轩、周忠继等。

他们对家乡和祖国均怀有深厚的感情，不少人回东山探亲，慷慨解囊，捐助东山的各项社会事业，如香港朱恩余先生在东山镇助学捐资已超过1000万元，香港周孝先、胡秀莲出资成立"秀莲教育基金"资助东山的贫困学生，他们都为东山镇的社会事业作了杰出贡献。

在东山镇名人捐赠记录中，周孝先、胡秀莲伉俪的名字赫然在列。周孝先一直视东山为自己的故乡，他晚年的许多时光都是在东山度过的，东山给他留下了太多美好的记忆。

怀抱故乡　结伴守望

人们常说：乡音难忘，故土难离。家乡苏州，尽管与他渐行渐远，但无论身居何地，故乡总是周孝先割舍不下的心灵栖息地。他15岁离开父母去上海当学徒，得到"南通棉花大王"王晋杰的厚爱与提携，由此走上了创业之路。三年之后，周孝先便辗转到了香港，从此定居此地，几经打拼成为香港商界公认的"棉花大王"。

从新中国成立初期到香港回归祖国怀抱，周孝先亲历和见证了这颗"东方明珠"的发展。他把自己最好的青春年华都奉献给了这片土地，创业成家，生儿育女，从青丝到银发，从风华正茂的翩翩青年到耄耋之年的老人，香港是他的第二故乡，给他留下了太多难忘的记忆。

树高千丈，根在故乡。远离故土的游子就像故乡放飞的风筝，飞得再高，那根扯不断的线永远攥在故乡硕大的"手"中。经历了风风雨雨，踏过了坎坎坷坷，在外漂泊打拼了大半生的苏州游子最终还是回到了故乡的怀抱。

有人是"近乡情更怯"，周孝先却是"近乡情更切"。20世纪90年代，周孝先在归乡考察途中相中了风光旖旎、景色如画的"江南鱼米"之乡、被称为"天堂中的天堂"的苏州市吴中区东山镇。

周孝先经他人推荐与实地考察，并由当地政府批准，在太湖之畔东山镇购买了一处山地做周氏墓园，定其为周氏家族的身后安置地。刚购入的山地，杂草丛生，山路崎岖，行走不便，他亲自参与设计，出谋划策，开山拓土，出资专门请人修好了道路，有人提议将此路命名为"孝先路"，但被他婉言谢绝了。生前他不止一次拒绝用自己的名字命名，尤其是年事渐高，对世事日益看淡，"身前身后名"对他而言已经不重要了。

墓园规划落成以后，他将祖父母周斌之、范老夫人，父母周子专、林慕贞以及已故去的三个兄弟的灵柩一并移葬于此，以告慰他们的在天之灵。如今，周孝先也长眠于此。他们一家三代人魂兮归来，团聚东山，结伴守望着故土与太湖。

这位游历过世界，看过五湖和四海的"一代棉王"最终与东山结下了难舍难分的缘分。俗话说："美不美家乡水，亲不亲故乡人。"周孝先生前曾说过，什么美国、澳大利亚、日本……走遍五湖四海，看过千山万水，最美还是吴中的东山。每次回东山，他都有归心似箭之感，双脚一踏上这片土地，他的内心就变得特别踏实和温暖……

周孝先生前在东山购置了30亩地，原计划投资办厂，发展经济，造福当地，因为种种原因未果。当时的地块是一片橘园，杂草丛生，荒芜偏僻。他像当年的苏东坡一样，"近于城中葺一荒园，手种菜果以自娱"。他亲自规划，从一草一木、一山一石做起，这边种洞庭碧螺春、那边种白玉枇杷（白沙枇杷），间或种些橘子、石榴……

周孝先祖父母周斌之、范老夫人,父母周子专、林慕贞陵墓

周孝先购置的明代建筑

将山地打造成一个果实累累、鸟语花香的"世外桃源"。青砖铺地，紫藤架梁，亭台小桥，古藤老树，100多吨千奇百怪的太湖石错落有致地分布在庭院的各个角落，与东山特有的花岗石相映成趣……镇上有一处年久失修、已经破损的明代建筑，他出资20万元购买其偏楼、花厅，按原貌迁至启园路南长泾港边，然后按照构件编号一件一件重新组合起来，庭院变得古色古香了。

周孝先借回上海之际经常光临此地。或许是住久了大都市的缘故，他对高楼林立的摩天大厦、如水泥城堡一般的超大城市有些厌倦了，东山镇启园路的新住宅成了他的"心灵栖息地"，"久在樊笼里，复得返自然"，周孝先对东山这块可谓是"一见倾心"。

栖息不问世事，醉心世外桃源。在外漂泊多年的游子回到阔别已久的土地，他的心中似有无数头小鹿在乱撞，又像远游的鱼儿回到大海一般找到了那种久违的归属感。在东山、在启园路，他的内心是无比自在、无比舒畅的。

晋代大诗人陶渊明在其名篇《归去来辞》中写道："归去来兮，田园将芜，胡不归？"这或许是周孝先的晚年心境的最真实写照。周孝先在繁华的大都市见惯了世事的纷扰与人生的起起落落，只有东山让他感觉既有幽静闲适的"林泉之致"，又有挥之不去的"乡音乡调乡情乡韵"。2000年以后，年已古稀的周孝先春秋时节住在东山，冬夏时节住在香港或上海，过上了"半隐士"式的"恬淡生活"。从15岁学徒算起，周先生75年的个人奋斗史在这里画上了圆满的句号。

东山镇启园路住宅内周孝先为双亲设置的灵堂

清欢自适 知足常乐

在东山居住期间，周孝先请了当地的俞伟林师傅做管家，打理日常事务、照顾他与妻子二人的生活起居。

俞师傅这样评价周孝先：他一生都在商海打拼，拥有万贯家财，却没有不良嗜好，除了爱好喝茶和收藏，每餐饭只吃一点清清淡淡的食物，豆腐和青菜是他最喜爱的，有时候吃点鸡胸肉，可以说他过了一辈子清淡自适的日子。住在东山时，周孝先的生活非常有规律，早睡早起，起床后拄着杖在橘园中散步，漫不经心，悠然自得，有时若有所思，有时又觉豁然开朗，这是一位漂泊多年的游子对故土的深情眷恋，也是他远离尘嚣后的淡定与释然。

春来濯濯江边柳，

秋后离离湖上花。

不羡千金买歌舞，

一篇珠玉是生涯。

宋代苏轼的这首《绝句》最能体现周孝先在东山时的生活状态。此时的他已是心如止水，波澜不惊。

晚年在东山生活，周孝先除了读书看报了解一下国内外大事与社会新闻外，就是读读古诗，练练书法。

早在青年时期周孝先就喜欢练写毛笔字，他说：“写字可以使一个人静下心来、避免浮躁，是一种修身养性的好方法。”年轻时商务繁忙，琐事萦身，很难专注于此，随着年龄增长，他越来越痴迷于琴棋书画，晚年更是把这些老祖宗留下的才艺当作养生健身的“灵丹妙药”。

在所有书画家当中，他最喜欢清代著名书画家郑板桥的作品。郑板桥是"扬州八怪"代表人物，其诗书画世称"三绝"。郑板桥曾任山东范县、潍县县令，政绩显著，为官清廉，后客居扬州，以卖画为生，擅画兰、竹、石、松、菊等，而画兰、竹五十余年，成就最为突出。郑板桥的书法以行草见长，而以"六分半书"名世。郑板桥的隶书杂以篆行草各体，隶书仅占据六分多一点，故谓之"六分半书"，世称"板桥体"，又称"乱石铺街体"。周孝先尤其喜欢郑板桥的书法，对郑板桥常写的四字格言"难得糊涂"更是偏爱有加。"聪明难，糊涂尤难，由聪明而转入糊涂更难。放一着，退一步，当下安心，非图后来报也。"郑板桥的这段文字，恰恰道出了周孝先的心声。他在商场打拼数十年，越到晚景感慨越深：人生还是"糊涂"一些为好，大智若愚，难得糊涂，只管耕耘，不图回报，才是人生的大格局、大境界啊！

郑板桥不仅是一位书画家，还是一位文学家，一生留下了许多脍炙人口的诗文。郑板桥曾自评其诗文曰："板桥诗文，自出己意，理必归于圣贤，文必切于日用。"其诗、其文都深切地关注现实、

郑板桥"难得糊涂"墨迹拓片

关注社会、关注百姓。其为文、为诗，直抒胸臆，毫不拿捏。他的诗文在语言上也"自铸伟词"，雅言、俗语、俚句皆可上手，格调高，感染力强，形成了鲜明的个人风格。

周孝先也非常喜欢郑板桥的诗文。"咬定青山不放松，立根原在破岩中。千磨万击还坚劲，任尔东西南北风。""衙斋卧听萧萧竹，疑是民间疾苦声。些小吾曹州县吏，一枝一叶总关情。"这些言浅意深，通俗易懂且朗朗上口的诗篇都是他经常吟咏、抄写的。周孝先这位经历了新旧时代、跨越了前后两个世纪的老人，对此或许有更多深切的感受。

周孝先常抄写的古诗有唐代大诗人李白的《早发白帝城》。张继的那首《枫桥夜泊》："月落乌啼霜满天，江枫渔火对愁眠。姑苏城外寒山寺，夜半钟声到客船。"更是他烂熟于心、百写不厌的内容。

《枫桥夜泊》是唐代诗人张继的作品，这首广为传诵的诗表达了诗人旅途中孤寂、忧愁的思想感情。唐朝安史之乱后，张继途经寒山寺时写下了这首羁旅诗。此诗精确而细腻地描述了一个客船夜泊者对江南深秋夜景的观察和感受，勾画了月落乌啼、霜天寒夜、江枫渔火、孤舟客子等景象，有景、有情、有声、有色，将作者羁旅之思、家国之忧，以及身处乱世尚无归宿的顾虑充分地表现了出来，抒发了诗人在旅途中孤寂忧愁的思想感情，是写忧愁的代表作之一。

周孝先是一个感情丰富而又细腻的人，他青少年时期离开家乡，见证了时代的兴亡继绝，看惯了人间的悲欢离合，其家国情怀与乡愁乡思没有一刻淡漠，越到晚年，这种情感就越发浓烈。"诗言志"，他从古诗中寻觅到了那种"剪不断理还乱"的复杂情感。

在东山寓所周孝先的书房内，写过的宣纸一摞又一摞，逸笔草草，信笔而为。书写的内容除了《早发白帝城》，几乎都是唐代诗人张继的《枫桥夜泊》，一首诗不厌其烦，写了又写，这不仅是在写字消遣，而是将浓得化不开的家乡情结寄托在一笔一画、一点一墨中……

"静对古书寻幽趣，清游山水乐此生"，与古人神会，与先贤交心，是周孝先晚年最幸福、最惬意的事情。归隐东山后，他有时间慢慢翻阅唐诗宋词，做自己喜欢做的事情。唐代著名的山水田园派诗人孟浩然的《与诸子登岘山》也是他喜欢吟诵的诗歌之一：

> 人事有代谢，
> 往来成古今。
> 江山留胜迹，
> 我辈复登临。
> 水落鱼梁浅，
> 天寒梦泽深。
> 羊公碑尚在，
> 读罢泪沾襟。

这不仅是简单的书写与吟咏，更是一种乡思乡情的情感宣泄。

周孝先晚年时一天两顿稀饭，不吃海鲜等高级的东西。粗茶淡饭、读书看报、练练书法是其修身养性的生活常态。身心无所虑，处处觉花开。看淡世事沧桑，内心安然无恙，这大概就是人们常说的："绚烂之极归于平淡"吧。

"事能知足心常惬，人到无求品自高"，这是挂在周孝先书房中的一副对联。"人到无求品自高"这句取自清代文学家纪晓岚的先师陈伯崖所作的对联。这里说的"无求"，不是对学问、对事业的不思进取，不是一筹莫展的消极态度或者庸人哲学，而是告诫人们要摆脱功名利禄的羁绊和低级趣味的困扰。有所不求才能有所追求，无求与自强是不可分割的，这正是这句话所反映出来的辩证法思想。

"无求"，是人生品格的体现，淡泊名利的人生是可望而难及的境界。"人到无求品自高"，是一种至高无上的生活境界，是一种良好的心态。其实简简单单就是快乐，平平淡淡就是幸福。人生在世，不能把功名利禄看得太重，无求是一种超脱，是一种淡然，更是一种勇气。只有做到无求，才能知足心常惬，才会自在快乐度一生。

　　周孝先也非常喜欢明代著名画家、书法家、诗人唐寅的诗。"不炼金丹不坐禅，不为商贾不耕田。闲来写就青山卖，不使人间造孽钱。"这是周孝先经常挂在嘴边的一首诗。神与意会，与古为徒，有时情感是可以超越时空找到知音的。

　　明代另一位杰出书画家、"吴门画派"的创始人，也是周孝先的苏州老乡——沈周，有一首《古山》诗也颇能体现他彼时彼刻的心境：

> 人事有动静，
> 青山无古今。
> 高秋落手板，
> 雅调合吾琴。
> 风雨付外物，
> 烟霞凝道心。
> 茫茫天壤内，
> 仁者是知音。

　　在东山的生活节奏慢下来了，但"慢生活"并没有消磨他的公益心。周孝先并没有"两耳不闻窗外事，一心只读圣贤书"。他利用一切可能的机缘做慈善事业。

　　无论身在何处，对慈善公益，周孝先、胡秀莲走到哪儿做到哪

2019 年 4 月 13 日，李培培（右二）、白谦慎（左一）、楼可程（右一）等赴上海贺周孝先 90 岁大寿，右三立者为胡秀莲女士

儿。在东山，他们夫妇成立了以胡秀莲女士命名的"秀莲教育基金"，每年用于奖励东山镇的优秀学生和资助东山镇的贫困学子，这在当地教育界一时传为美谈。此外，周孝先夫妇还向苏州雨花禅寺捐赠善款等。

冥冥之中，周孝先预感到东山这片热土是他最后的归宿，所以在东山的岁月是他人生中最放松、最清闲、最惬意的一段时光。

在这里，他可以远离商场的博弈、人情的纠葛、俗世的纷扰，真正达到一种"忘我"与"无求"的境界。

"茫茫天壤内，仁者是知音。"对已至老境的周孝先而言，东山就是他人生最后的心灵净土与安详之所。

"人生不满百，常怀千岁忧。"对周孝先而言，此生没有太多遗憾。他生前曾戏称希望自己的寿命不要超过父亲（其父周子专寿终100岁），活到99岁即可，然而他却在90岁时遽然辞世。这或许是一个不小的遗憾吧。

魂归道山　风范长存

2020年10月11日，被称为"一代棉王"的爱国商人周孝先与世长辞，享年90岁。妻子失去了相濡以沫的好伴侣，儿女失去了疼爱他们的慈父，友人失去了一位侠肝义胆的朋友。11月1日，上海龙华殡仪馆举行了隆重的告别仪式。周孝先生前的亲朋好友参加了告别仪式，现场庄严而不失温馨，"德泽永存""永远怀念"等挽词和周孝先生前喜爱的蝴蝶兰与玫瑰花簇拥在他的周边，接待会场布置了周孝先的大幅照片，来宾可一睹先生生前的风采。

周孝先的爱子周宗元在现场作了真情告白：

先父不单用无限的爱心把我养育成人，他更以身作则，循循善诱，让我学会如何待人处事。他对我的无私和关爱之恩情，我永远都会铭记于心。先父除了在家中扮演严父角色，亦经常参加家庭琐事，如烹饪、修剪古树、栽花、养鱼和驯狗等，为家庭增添了无限的温馨、暖意和乐趣。

这段发自肺腑的倾情诉说令人动容。

周孝先的忘年挚友李培培老师作为亲朋好友代表致辞，悼念这

上海龙华殡仪馆内周孝先告别会

位有着不凡人生的长者，他在悼词里这样说：

先生一生爱国爱乡，热心慈善及资助教育、医疗等事业。1978年在国家分管农业和农垦的领导人的引荐下，周孝先赴新疆种植棉花，引进了当时国际最优质的种子和最先进的植棉技术，并捐赠农用飞机和机械设备，投资成立新疆天山毛纺织有限公司，引进国际最先进的技术和设备，为中国第一家中外合资毛纺织企业，为我国的棉花事业与新疆地区的发展建设做出了积极贡献，赢得了"天山之子"的美誉，被新疆维吾尔自治区政府授予"荣誉公民"称号。

致辞言简意赅，高度概括了周孝先传奇而非凡的一生。

印度大诗人泰戈尔写过这样一句诗："生如夏花之绚烂，死如秋叶之静美。"周孝先从兵荒马乱到太平盛世，不论世事怎样变幻、时局如何动荡，他内心始终跳动着永不变调的"爱国音符"，正像一首歌所写的那样："我心依然是中国心"。他把钱都存在中国银行里，香港渣打、汇丰、花旗等洋银行遍地，但"洋银行"没有一分他的存款。这里面饱含着他对祖国浓浓的情与深深的爱……他走了，带着对祖国山河无限的热爱，带着对妻子儿女及亲朋好友深深的眷恋长辞于世……

周孝先一生阅历丰富，经历了不少大风大浪，极富传奇色彩。或许是经历了大风大浪之后的波澜不惊，他为人处世低调随和，除非迫不得已，一般情况不太喜欢抛头露面，而更喜欢做"成人之美"的"幕后英雄"。他的一生经历了大大小小无数的关隘，他的创业经历艰辛而又充满传奇色彩，令人心生敬意。除了商务之需，生活中的他深居简出，简衣素食，在名利面前更是心如止水，宠辱不惊。譬如他以父亲之名在香港和北京协和医院分别设立了"周子专奖学金"，一方面体现了他对祖国传统医学的尊重与支持，另一方面也反映了他对父辈的孝敬之心；他定居东山后以夫人之名设立的"秀莲教育基金"，为东山镇的学子提供了一条求学上进之路，既资助了亟需帮助的莘莘学子，也表现了伉俪情深及其大爱情怀……

20世纪50年代，他冒着身家性命的极大风险想方设法支援国家建设与抗美援朝；20世纪80年代初，他在新疆种棉、参与创办新疆天山毛纺织厂，既为国家创汇增收，又解决了当地人的就业问题，还带动了当地棉花产业的兴盛发达，所有这一切都体现了他的远见卓识与超前意识；进入21世纪以后，周孝先与胡秀莲对家乡、对国家的爱进一步升华，在李培培老师的牵线搭桥下，周孝先夫妇与浙江大学结缘，在浙江大学捐赠善款设立"周孝先、胡秀莲中国艺术史研究与教育基金"，并捐赠一批价值不菲的中国传统家具及珍贵古玩藏品，支持浙江大学艺术与考古博物馆开展中国艺术史和文化史的研究、展览与教育活动，所有这一切已成为浙江大学学子和业界人士有口皆碑的善行义举。

周家与浙江大学结缘，进而慷慨捐赠，并不是头脑一热的冲动之举，而是对浙江大学"求是精神"的认可与弘扬。2023年5月6日，浙江大学举行"胡秀莲女士捐赠仪式暨周孝先　胡秀莲厅揭牌仪式"，是对他们爱心的铭记与感怀。公益惠后人，大爱无极限，据悉后续捐献正在有条不紊进行中。

周孝先身处生意场和各种名利场，但骨子里还是被中华传统文化深深熏染的人士，"人人为我，我为人人"的大爱理念与"修齐治平""穷则独善其身，达则兼济天下"的儒家思想伴随了他的一生。

斯人虽逝，音容犹在；魂归道山，风范长存。

德泽惠故土，品操昭后人。（杨宇全撰）

功高九天遍传海内外，恩泽四方犹佑求是园。（楼可程撰）

这两副对联既是对周孝先的追思，也是对其一生大慈大爱的高度概括。

2023年4月5日是清明，"万物生长于此时，皆清洁而明净，故谓之清明"。这一天是纪念先人的节日，是慎终追远、感恩先人的节日。清明节的真谛与意义在于尊敬先人、传承家风、承德报恩、珍惜当下。

这天，坐落在东山镇由明旸法师题写匾额的周氏墓园显得尤为肃穆，牌坊两侧是以周孝先名义镌刻的挽联：亲厌尘纷寿终内寝归蓬岛，儿悲手泽眼流双泪滴麻衣。

昔日杂草丛生的山野已是芳草萋萋。如今，周孝先陪伴在祖父

2022 年 10 月 12 日，周孝先逝世二周年之际，《周孝先传》编委会主要成员前往东山周氏陵园追思祭奠

坐落在苏州吴中区东山镇的周氏墓园

辈及三位已故兄弟的身边，他们一起守护着这片青山和水天一色、烟波浩渺的太湖……

胡秀莲女士携一众家人前往东山扫墓，祭奠长眠在此的周家祖父辈，追思与自己休戚与共、风风雨雨走过了数十年的人生伴侣。

《周孝先传》编写组一行数人随行来到周孝先的陵墓前祭奠，大家怀着崇敬的心情追思这位为浙江大学发展做出卓越贡献的老人。细心的胡秀莲发现浙江大学敬献的鲜花中竟然含有几支棉花，不禁颔首赞叹浙江大学的细致用心。

乍暖还寒的春天，棉花破土而出；烈日炎炎的夏天，棉花开花现朵；秋风瑟瑟的金秋，棉花吐出丝丝洁白的棉絮。棉花经历了暑热凉寒的季节，经历了雷电交加的天气，经历了洪水蝗虫等灾难，在逆境中成长的它依然顽强拼搏，始终昂首向上。

有人说棉花不是花，可是它比花还美丽，它不在乎外表美，它是纯朴的美，是持久的美。棉花虽然没有水仙花那么亭亭玉立，但是它纯净；棉花虽然没有海棠花那么婀娜多姿，但是它无私；棉花虽然没有牡丹花那么雍容华贵，但是它坚强；棉花虽然没有玫瑰花那么绚丽多彩，但是它团结。周孝先的为人处世像极了棉花，他的一生已经与棉花融为一体了，他的灵魂像棉花一样洁白无瑕，如棉花一样奉献自己、温暖众生。

在周孝先陵前，想想几年前那位谈笑风生的忠厚老者，想想那位一生只为他人着想，诸多心愿未酬的爱国商人，大家不禁生出了无限感慨。

俗话说"清明天难晴"，这天上午尽管没有"雨纷纷"，却也是春风料峭、阴云密布，似乎随时都要下雨，人们心中平添了些许凉意。然而，天公作美，到了中午忽然云开雾散，阴云惨淡的天空一下子变得阳光灿烂。大家的心也随之放晴了。吉日吉时，天朗气清，

周孝先墓碑前，浙江大学艺术与考古博物馆敬献的鲜花中有几枝棉花，以怀念和
追思"一代棉王"周孝先

周孝先陵墓

胡秀莲感喟再三，随行人员也不胜唏嘘。

周孝先是一个有着传奇故事的人。香港国际棉业公司总经理谭永结先生回忆，周孝先曾任日本住友银行高级顾问，银行每位总裁到香港都要前来拜访周先生，毕恭毕敬地向他当面讨教，因为在他们心目中周先生就是一个传奇人物。高调做事，低调做人，为人处世不事张扬，周孝先生前曾多次婉拒别人为他出书立传，他是一个真正大写的人，也是一个值得被铭记的人。他为国家、民族和社会做出了卓越贡献。

能够在世人口中广为流传是他用自己的业绩和善行塑造的。因为只有业绩才能将一个人的名字擦亮，也只有善行才能让一个人永久地活在人们的心中。

周孝先身体力行，数十年如一日，足迹遍布大江南北、长城内外乃至世界各地。他的德行就立在天地之间：在黄河之滨的齐鲁大地上，在鲁西北的广袤棉田中；在长江之畔的武汉三镇，在棉香四溢的荆楚厚土里；在天山脚下的皑皑雪山上，在石河子148团场的一草一木中；在天山毛纺厂隆隆的机器轰鸣中，在"小扁担行动"的座座校舍里……

青山依旧在，几度夕阳红。国泰民安，海晏河清，如周孝先在天有灵，一定是无比欣慰的。

"去日不可追，来日犹可期。"周孝先的品行与善举在浙江大学"求是创新"的发展史册上留下了绚丽多彩的印记！

斯人虽远去，精神永流传！

附录一　结缘浙大　情倾"艺博"

一

2021 年 10 月 26 日，由浙江大学教育基金会发布的一则简短的消息引起了人们的关注，摘抄如下：

> 胡秀莲女士向浙江大学教育基金会捐赠
>
> 近日，浙江大学教育基金会和胡秀莲女士签署捐赠协议，设立"周孝先、胡秀莲中国艺术史研究与教育基金"，并捐赠一批珍贵的中国传统家具，用于支持浙江大学艺术与考古博物馆开展中国艺术史和馆藏文物的研究、展览和教育。李培培老师、艺术与考古学院院长白谦慎教授和艺术与考古博物馆馆长刘斌教授等出席捐赠仪式。

2021 年 10 月，当时上海、杭州的新冠疫情尚处在高位运行阶段，防控形势严峻，周家此举让人难忘。

与 2023 年 5 月 6 日的活动相比，当天的捐赠现场，没有盛大的场面，没有隆重的仪式，没有鲜花簇拥与掌声雷动。但对浙江大学而言，这一天却是极其难忘的。这是浙江大学艺术与考古博物馆成立以来接受的非常重要的捐赠之一，是足以载入浙江大学艺术与

胡秀莲女士（左二）与浙江大学艺术与考古博物馆馆长刘斌签署捐赠协议，李培培老师、白谦慎教授见证

签约现场合影（前排自右至左依次为：李培培、刘斌、胡秀莲、白谦慎；后排自右至左依次为：周孝先侄女周嘉虹、侄女婿陆铀、阎文雯、潘慧敏）

考古事业发展史册的大事，也正是这件事使一向低调的周孝先夫妇走到了前台，向人们昭示了他们拳拳爱国爱民之心。

捐赠仪式既简朴又庄重。胡秀莲女士与浙江大学教育基金会郑重签订捐赠协议，正式设立初始资金 2000 万元的"周孝先、胡秀莲中国艺术史研究与教育基金"，同时捐赠一批珍贵的中国传统家具，以支持艺术与考古博物馆开展艺术史实物研究与教学。

遗憾的是终生爱国爱港爱乡、襄助国家建设、情系乡梓、慨然支持内地文教事业的"一代棉王"周孝先先生已无法目睹这一切。

捐赠方代表周孝先的遗孀胡秀莲女士，是位鹤发童颜的八旬老人。此时正值周孝先辞世一周年，这是对周先生的最好追思与缅怀。

斯人虽远去，功德泽后世。

2020 年 11 月 1 日，在周孝先先生的告别会上，浙江大学敬献了这样一副挽联：

> 一代棉王出吴门，驰骋工商，流芳百世；
> 两地巨擘联九州，善施文教，遗爱千秋。

这副格外醒目的挽联言简意赅、情真意切，是对他传奇一生最好的概括与评价，也饱含着浙江大学全体师生对周孝先的殷殷怀念。

周孝先的一生是富有传奇色彩的一生，他秉持中国儒家文化的精神内核，对社会无私奉献、对国家忠心耿耿、对父母孝顺敬爱、对妻儿爱护有加、对朋友义薄云天，忠、孝、礼、义、信贯穿了他不平凡的传奇一生。

二

浙江大学 100 多年的发展史上，有很多捐资助学、为浙江大学的发展做出贡献的人，浙江大学不会忘记他们，会永远铭记他们的慷慨善举，在浙江大学的校史和艺术与考古博物馆的馆志上，不断地镌刻下一个个名字，不断地续写着新的篇章。

我们纪念的这位长者，他以博大的爱心慷慨解囊、捐赠巨资助学兴教。这位在香港这个国际化大都市商界驰骋的骄子，一生痴爱中华文化，无论风云如何变幻，始终"未敢忘国忧"。他是享誉香港与内地的实业家，也是守护国宝的收藏家。他一生跨越了两个世纪，经历了无数风雨，充满传奇色彩，他被世人誉为"爱国商人"、"一代棉王"，他是我们的楷模。

有人把文化教养概括成四句话："植根于内心的修养，无需提醒的自觉，以约束为前提的自由，为他人着想的善良。"周孝先就是这样一个极其自律、极具修养的大写的人。

与周孝先接触过的人都对周先生的教养有深刻的体会。教养，是对自己的约束与对他人的尊重，是一个人安身处世的底牌。周孝先是一个极具文化修养、追崇高尚纯粹而又脱离了低级趣味的人！

他一生爱国、爱港、爱乡，热心公益慈善，关心中华传统文化保护，为祖国经济建设和文化事业发展不遗余力：他先后为抗美援朝捐赠棉花、布匹、药品及通讯器材；他为新疆发展棉花产业捐赠农用飞机、种棉机械设备，为我国棉花事业和新疆地区的发展建设做出了积极贡献，被新疆维吾尔自治区政府授予"荣誉公民"称号；他为北京协和医院捐赠车辆，设立"周子专研究生奖学金"；他捐助中国社科院胡绳"青年学术奖励基金"、中华医学会业务楼改建、杭州雷峰塔重建、香港中文大学中草药基地、香港港安医院医疗设施等；他捐资成立"秀莲教育基金会"；他在广东、湖南、四川、江苏等地捐建多所小学，并设立奖学金、助学金，奖励优秀学生和资助贫困学子等；2021年以来，他又多次向浙江大学捐赠。

三

浙江大学是一所历史悠久、声誉卓著的高等学府。其前身求是书院创立于1897年，是中国人自己创办的最早的新式高等学府之一。1928年，求是书院定名国立浙江大学。在一百多年的办学历程中，浙江大学始终秉持以"求是创新"为校训的优良传统，以天下为己任、以真理为依归，逐步形成了"勤学、修德、明辨、笃实"的浙江大学人的共同价值观和"海纳江河、启真厚德、开物前民、树我邦国"的浙江大学精神。近些年，浙江大学的哲学社会科学发展势头强劲，《中国历代绘画大系》、《中华礼藏》、敦煌学等文化传承创新成果在海内外产生了广泛影响。

浙江大学有着悠久的考古学科历史与艺术教育传统，早在20世纪40年代就有艺术和考古相关学科。1978年，在夏鼐先生的支持下，杭州大学率先向教育部申请创办文物与博物馆学本科专业；1998年组建新浙江大学时，学校成立相对独立的艺术学系，对外称艺术学院；2005年，浙江大学中国古代书画研究中心成立，主要开展《中国历代绘画大系》的编纂和研究；2008年，在原文物与博物馆学专业基础上，学校组建文物与博物馆学系，同时决定筹建艺术与考古博物馆；2010年，浙江大学文化遗产研究院成立；2019年5月，浙江大学在艺术学系、文物与博物馆学系、文化遗产研究院、中国古代书画研究中心等单位基础上组建成立艺术与考古学院。

周孝先夫妇与李培培、楼可程（左二）、顾玉林（左一）、劳东宏（右三）等合影

　　2009 年，浙江大学与国际著名艺术史学家、美国普林斯顿大学荣誉教授方闻共同倡议设立浙江大学艺术与考古博物馆。方闻先生说："半个多世纪以来，中国艺术史在西方经历了从无到有，日益发展，不断完善的艰难历程，我们这一代学者亲自见证并促成了这一过程。如今中国艺术史回归祖国的时机业已成熟，在中国高校普及艺术史教育、建立具有高水准的艺术史教学博物馆已经成为当务之急。"2019 年 9 月，浙江大学艺术与考古博物馆正式开馆，从此杭州又多了一个观赏艺术精品与文物展览的地方。

　　周孝先、胡秀莲及家人十分关心浙江大学的发展建设。2017 年10 月，周孝先夫妇二人应邀来浙江大学考察，参观了正在建设中的艺术与考古博物馆，对博物馆开展艺术史实物教学的理念非常认可，当即表达了捐赠藏品的意愿。此后学校教育基金会有关负责人多次与周孝先夫妇商议捐赠事宜。2020 年 10 月 11 日，周孝先在上海逝世。2021 年 10 月 13 日，胡秀莲女士秉承先生的遗愿向浙江大学教育基金会捐赠 2000 万元人民币，设立"周孝先、胡秀莲中国艺术

2017年10月，周孝先夫妇应邀来浙江大学考察，参观正在建设中的艺术与考古博物馆

史研究与教育基金"，并先后捐赠数批珍贵藏品，希望传承弘扬中华民族灿烂辉煌的文化艺术。为铭记和感念这一义举，浙江大学决定将艺术与考古博物馆三号展厅命名为"周孝先　胡秀莲厅"。

曾任浙江大学党委书记的邹晓东与周家有过交集。当年，邹晓东书记率团访问香港时专门拜访了周孝先、胡秀莲夫妇。早在浙江大学艺术与考古博物馆初创时期，时任浙江大学党委书记邹晓东就非常关心艺术与考古博物馆的筹建情况，为艺术与考古博物馆的未来发展出谋划策。他建议相关职能部门积极拓展港澳台及海外资源，扩大浙江大学的知名度。他曾向相关部门负责人提议：香港的"棉

浙江大学教育基金会赠予胡秀莲女士由浙江省书法研究会主席池长庆画的《寿无疆》（前排右二为李培培、右一为周岳平，后排站立者为杨宇全）

花大王"周孝先爱国、爱港、爱家乡、爱文化，而且收藏颇丰，为加强艺术与考古博物馆的艺术史教育与实物教学，应该多与他联络与沟通。

2023 年 2 月 14 日，《周孝先传》编委会主要成员专程赴京采访浙江大学党委原书记、现任中央和国家机关工委副书记、机关党委书记邹晓东时，邹晓东还专门与胡秀莲女士通了电话，对周孝先、胡秀莲关爱浙江大学、惠教泽学的崇高品德表示敬仰，感谢他们对浙江大学艺术与考古博物馆教学与科研工作的鼎力支持。

周孝先、胡秀莲伉俪捐赠的部分家具

四

2022年5月18日，浙江大学125周年校庆之际，"周孝先、胡秀莲伉俪捐赠家具展"在浙江大学艺术与考古博物馆隆重开展，此次家具展成为浙江大学校庆的亮点之一。展馆展示了周孝先、胡秀莲捐赠的部分明式黄花梨家具和清式紫檀家具。浙江大学党委书记任少波，时任浙江大学党委副书记叶民，浙江省文物局原局长、浙江省书法家协会名誉主席鲍贤伦等到现场参观。

睹物思人，不胜唏嘘！此情此景，大家更加怀念"一代棉王"周孝先先生。

展览期间，适逢校庆，虽受疫情影响，但预约参观者还是络绎不绝……

5月21日晚上，"典学浙江大学"主题晚会在紫金港校区隆重举行。浙江大学党委书记任少波向为浙江大学做出过杰出贡献的海内外校友和社会各界人士致以谢忱。因疫情，胡秀莲女士未能亲临现场，李培培老师作为周孝先、胡秀莲伉俪的代表接受了捐赠致谢牌。

2022年10月12日，在周孝先逝世二周年之际，《周孝先传》撰写组前往东山周氏陵园追思祭奠周先生，并敬献了楼可程与杨宇全撰写的追思挽联。

时光荏苒，流年似水。

2022年11月3日，时任浙江大学校长吴朝晖再次来到浙江大学艺术与考古博物馆参观"周孝先、胡秀莲伉俪捐赠家具展"，并对周氏伉俪的助学义举表达了敬意。

2022年12月21日下午，浙江省委书记易炼红到浙江大学指导工作，参观在浙江大学艺术与考古博物馆周孝先　胡秀莲厅举办的

任少波等校领导参观捐赠家具展

李培培代表周孝先、胡秀莲接受捐赠致谢牌

2023 年 6 月 27 日，周宗元（前排右二）参加浙江大学在香港举办的答谢晚会，浙江大学校长杜江峰院士（前排左五）、副校长黄先海（前排右四）出席

时任浙江大学校长吴朝晖在艺术与考古博物馆常务副馆长马景娣的陪同下参观家具展

"刻古传今——悦读宋韵展",观看了浙江大学图书馆的镇馆之宝《资治通鉴纲目》宋刻本书和宋碑帖拓片等。

随着疫情管控政策的调整,人们的生活恢复了常态,周氏家族加快了捐赠的脚步。

2023年3月8日,第二批捐赠家具共计92件,自苏州东山运抵艺术与考古博物馆。4月14日,胡秀莲女士又向艺术与考古博物馆捐赠了40余件玉器和瓷器。

此时距周孝先辞世已过三个年头。

美好的东西一定要与人共享,这是周孝先、胡秀莲的共同心愿。

2023年4月18日,"屏居佳器——周孝先胡秀莲伉俪捐赠家具展"在浙江大学艺术与考古博物馆三号展厅和一楼大走廊面向公众开放,展览以中国古代家具的发展脉络和时代特征为线索,以不同的家具类型和造型为主要内容,结合"中国历代绘画大系"收录的体现中国传统家具的绘画作品,展示周孝先根据著名文物鉴赏收藏家王世襄《明式家具研究》样式,请工匠精心制作的"大美无饰"的明式家具和"华丽繁复"的清式家具。展品包括黄花梨四出头官帽椅、黄花梨升降式灯台、紫檀雕龙纹七屏风攒边装板围屏罗汉床、紫檀嵌大理石插屏式座屏风等。

这里不妨简单介绍一下。

紫檀雕龙纹七屏风攒边装板围屏罗汉床:仿清宫家具风格,做工极其精美。两侧扶手各一扇,后背五扇戴帽对称安装,束腰鼓腿膨牙,三弯腿外翻五爪形,满雕龙纹、宝瓶、山水云纹和花草纹等。精细藤编软屉座面,炕桌和脚踏同款,面攒边框穿带装板制作。该屏选材精良,屏面四周镂雕龙纹,中间镶嵌大理石。底座用两块厚木雕出抱鼓作墩子,配站牙组合而成。

展馆展出的这批家具倾注了周孝先大量心血,是老人家晚年的

"屏居佳器——周孝先、胡秀莲伉俪捐赠家具展"海报

紫檀雕龙纹七屏风攒边装板围屏罗汉床

紫檀嵌大理石插屏式座屏风

最爱。截至 2023 年底，来此参观的观众已达 17.44 万人次。

20 世纪 80 年代末，周孝先卜居苏州东山，以这些明式、清式家具作为屏居故乡的佳器，他在家具样式、风格的选择以及陈设方式上倾注了大量心力。此套原藏于苏州东山故居的家具均出自名家之手，造型优美、工艺精良，是研习中国古代家具不可多得的教学样本。

五

千里姻缘一线牵。周氏家族与浙江大学的牵线人就是"周孝先、胡秀莲中国艺术史研究与教育基金会"管理委员会的李培培老师。

李培培是周家与浙江大学之间的关键"牵线人"，没有李老师，也就没有周家与浙江大学被传为佳话的往来缘分。这是周家及周家亲朋好友一致认可的。胡秀莲说："我们与李培培先生相识已经三十年了，他待人真诚，做事踏实，与周先生最有缘，是周家值得信任、值得托付、值得依靠的朋友。"

李培培为人温和，待人真诚，济公好义，乐于助人。他 15 岁起在祖国边陲的黑龙江工作了十年，把自己的青春岁月和最好的年华都奉献给了"黑土地"。岁月的砥砺、生活的磨炼，使他的心智日渐成熟，也练就了他待人处世沉稳持重的性格！

李培培曾在浙江省人民政府侨务办公室工作 20 多年。由于工作关系，他接触了海内外的很多爱国人士与成功商人，周孝先就是其中的杰出代表。

正是浙江大学的魅力及李培培的热心牵线才使周孝先、胡秀莲伉俪与浙江大学越走越近，最终结成了周氏夫妇与浙江大学的捐

周孝先、胡秀莲捐赠的青田石雕《财源滚滚》

1995 年，李培培与胡秀莲女士合影于周孝先、胡秀莲香港寓所

赠情缘，也成就了一段载入浙江大学艺术与考古博物馆发展史册的佳话。

<h1 style="text-align:center">六</h1>

20 世纪，"弹丸之地"的香港是个藏龙卧虎之所，工商界不乏精英人物。他们吃苦耐劳，善于经营，勤于思考，敢于拼搏，在各个不同的领域闯出了一片令人瞩目的天地，他们之中诞生了不少业界"大王"，其中就有"世界船王"包玉刚、"铺面之王"梁绍鸿、

"海沙大王"霍英东、"领带大王"曾宪梓、"娱乐之王"邵逸夫……他们的杰出贡献，助推了香港经济的腾飞与繁荣，他们对香港的发展功不可没。

在香港从事棉纱行业的不乏其人，其中就有"纺织大王"陈瑞球、"棉纱大王"陈廷骅。周孝先也是那个时代的精英，是棉业界的佼佼者，虽然他为人低调、不事张扬，但仍凭着自己的骄人业绩和良好信誉享誉工商界，被誉为"一代棉王"。

"一代棉王"周孝先在香港实业界是一个响当当的人物，但如果不是近些年与浙江大学结缘，有关他个人的宣传报道可能更少，这无疑增加了他的神秘感。的确，一个在商场打拼数十年的充满传奇故事的人，一个在实业、收藏、慈善公益等方面都做出了巨大贡献的业绩的人，在讯息如此发达的今天，却很少能在搜索引擎中搜到他的信息。这个"大王"就是"谜一样的存在"。

近些年，周孝先夫妇与浙江大学结下"不解之缘"，他们的捐赠善款及部分藏品等用以供浙江大学考古与艺术博物馆中国艺术史的教学与研究之用。因为有了浙江大学的相关报道，我们才能在相关网络媒体上查到他们的一些讯息，这也是目前我们所能看到的关于周孝先夫妇的最多讯息了。

周孝先先生与胡秀莲女士非常认同浙江大学的教育理念。在周孝先先生过世后，胡秀莲女士接过"爱心火炬"，不仅是为了完成周先生的遗愿，也为了完成自己心中"慈善教育"的目标，现金2000万元人民币、实物数百件，总计价值8000余万元。浙江大学感佩他们助学兴教的奉献精神，将浙江大学艺术与考古博物馆三号展厅专门命名为"周孝先 胡秀莲厅"以铭记他们夫妇二人的慷慨义举。大家在近距离感受中华优秀传统文化无穷魅力的同时，也会更加深深感念他们的慈善之心与公益大爱！这是周孝先夫妇留给世人的最大精神财富。

浙江大学党委书记任少波在"胡秀莲女士捐赠仪式暨周孝先胡秀莲厅揭牌仪式"上说:"胡秀莲女士及其家人投身公益慈善教育事业的殷殷之情令人感佩,传承中华传统文化的远见卓识使人感奋。学校将十分珍惜胡秀莲女士及其家人对学校的慷慨捐赠,一定用心保存、维护、展示好捐赠物品,最大程度地发挥其作用,并将其作为学校培养人才、积极进取、勇于创新的动力和源泉,以报效祖国为最高目标,用切切实实的成果回馈社会各界的关怀和支持!"

时光荏苒,周孝先逝世已经三年多了,但周家人与浙江大学的缘分还在继续。

2023年11月3日,胡秀莲女士与胞弟——美国国家工程院院士、美国国家医学院院士、浙江大学名誉教授胡流源院士及其夫人张德洁一行借回乡省亲祭祖之际在李培培老师的陪同下访问了浙江大学。浙江大学党委常委、副校长黄先海会见了胡秀莲女士、胡流源院士夫妇一行,浙江大学发展联络办公室主任、校友总会秘书长刘峥嵘,艺术与考古博物馆馆长刘斌等参加了会见。

黄先海就以周孝先、胡秀莲伉俪为代表的周氏家族长期以来对浙江大学的关心和支持表示衷心感谢。他表示,周孝先、胡秀莲伉俪热心奉献教育慈善事业的拳拳善心令人感佩,学校会倍加珍惜胡秀莲女士及其家人的这份深情厚谊,将这份大爱转化为学校立德树人、开拓创新、奋发有为的不竭动力。

胡秀莲女士表示,希望能够通过捐赠藏品和善款,助力浙江大学艺术与考古博物馆更好地开展中国艺术史和馆藏文物的研究、展览和教育等工作,让更多的浙江大学学子和市民近距离地欣赏优秀中华传统文化,为浙江大学更好地"传播与创造知识,保护与传承文化,服务与引领社会"贡献力量。

浙江大学颁发给周宗元的海外发展顾问聘书

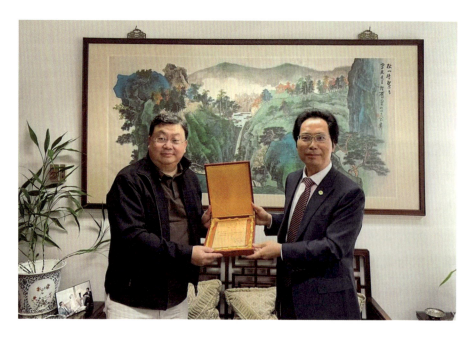

2023 年 2 月，黄先海在香港国际棉业公司为周宗元颁发感谢牌和荣誉证书

黄先海会见胡秀莲女士、胡流源夫妇一行（左起分别为：阎文雯、胡裔康、胡流源、张德洁、胡秀莲、黄先海、刘峥嵘、李培培、刘斌、翁亮）

在周孝先　胡秀莲厅前合影（左起分别为：胡裔康、胡流源、胡秀莲、张德洁）

胡秀莲、胡流源、张德洁与侄子胡裔康在"孝莲亭"留影

胡秀莲女士、胡流源院士夫妇一行参观了浙江大学艺术与考古博物馆，并在"周孝先　胡秀莲厅"前合影留念。

2023 年 11 月 26 日，已届耄耋之年的胡秀莲女士迎来了她人生的又一"高光时刻"。

首届浙江海外社团联谊大会暨第二十届浙江旅外乡贤大会在杭州隆重召开。浙江省委书记、省人大常委会主任易炼红代表省委、省政府和 6500 多万家乡人民对旅外乡贤回家表示欢迎，并充分肯定了大家在事业上取得的成就和为家乡建设所做的贡献。浙江省委副书记、省长王浩出席会议并讲话，为浙江省爱乡楷模颁发奖章。2023 年共评选出 10 位"浙江省爱乡楷模"，浙江大学推荐的 83 岁的胡秀莲女士成功入选，是十位入选者中最年长的一位。

主办方对胡秀莲女士给予了高度评价，就她及其家族长期以来对浙江大学建设发展的关心与支持表示了由衷的感谢。评委会的致敬词言简意赅却中肯到位：

胡秀莲女士现为中国艺术史研究与教育基金发起人。她出身书香世家，心系桑梓、善施文教，与先生周孝先长期支持国家教育、医疗、文化、艺术等社会公益事业的发展，与浙江大学情谊深厚。

胡秀莲女士曾先后向浙江大学捐赠三批珍贵藏品及中式家具，并捐赠设立"周孝先、胡秀莲中国艺术史研究与教育基金"，支持"药学院现代中药交叉创新基金"，对学校的中国艺术史研究、展览和教育等均给予了大力支持。为铭记胡秀莲女士及其家人的嘉德懿行，学校将浙江大学艺术与考古博物馆三号展厅命名为"周孝先　胡秀莲厅"。

在热烈而又隆重的颁奖典礼上，胡秀莲女士的大幅照片与简短精练的颁奖词通过大屏幕滚动播出：

作为中国艺术史研究与教育基金发起人的胡秀莲女士光荣地被评为"浙江省爱乡楷模"

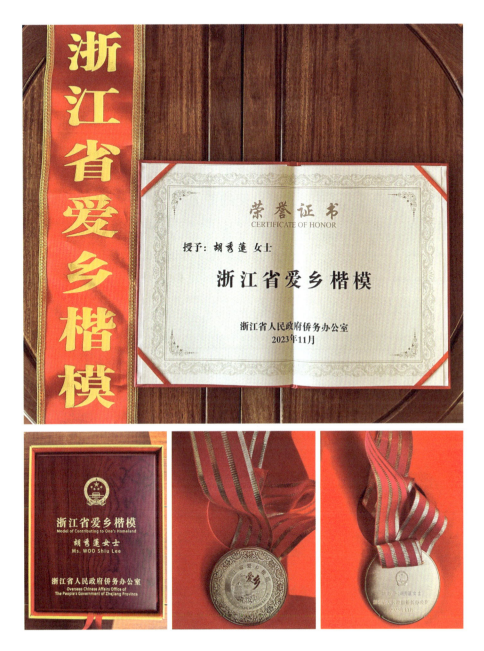

浙江省人民政府侨务办公室授予胡秀莲女士"浙江省爱乡楷模"荣誉证书与绶带

青山如黛，笔墨书香世致远；

香江含烟，钱塘明月共潮生；

善施文教，倾其毕生珍爱收藏；

拳拳爱心，弘扬中华文化魅力……

玉色温润，印心载道；耄耋之年，初心似莲。这十六个字，正是对这位耄耋老人最中肯、最贴切的评价。"初心似莲"中包含了胡秀莲的"莲"字，一语双关，意味无穷。是啊，初心如莲花一样洁净无瑕、一尘不染，无论何时都永葆一颗纯粹的赤子之心，在红尘滚滚的当下是多么的难能可贵！

岁月不居，时节如流。任时光流逝，相信周家与浙江大学的情谊则历久弥深，成了浙江大学校史上的一段佳话。

2024年7月9日，胡秀莲女士因病住院治疗。其间，学校领导十分重视，副校长周江洪及校教育基金会秘书长刘峥嵘等专程赶赴上海华东医院探视，浙江大学医院管理办公室也联系上海医疗单位，及时了解有关病症和治疗情况。8月12日，周宗元先生来电告知：母亲已于8月11日深夜与世长辞。突如其来的噩耗，令我们陷入了深深的悲痛之中……

蕙质兰心，相夫教子，持家有道彰贤德；爱乡楷模，仁心义举，乐善好施弘大爱。

我们怀着沉痛的心情缅怀胡秀莲女士的懿行美德，并向她献上最深切的敬意。

胡秀莲女士虽已离开了我们（将与其夫周孝先先生合葬在苏州东山的周氏墓园），但她积极弘扬中华优秀传统文化的事迹，热心公益无私奉献的精神，将永远被世人铭记，激励着后人为实现美好愿景而继续努力奉献！

附录二　印忆中的周孝先、胡秀莲伉俪

我们家的"小龙女"

三妹秀莲是我们家的"小龙女"，与爸爸一样在龙年出生。孩提时妈妈为她梳独特的发式，两条小辫子竖在头顶上像一对毽子，非常可爱，爸爸给她起绰号"哭宝宝"，但一只小小的大闸蟹可以叫她乖乖地安静整个下午，吃得干干净净。她继承了妈妈的衣钵，超有"煮"意。

爸爸留医期间，每天最开心的是见到她依时送来一瓦煲香喷喷的有味饭，妈妈入住港安医院时，经她张罗亦获多方面的照顾和安排。

秀莲对大哥大嫂的尊敬是不争的事实。大哥每次访港返日时手提行李全是新鲜美食；大哥逝世后秀莲每年都为大嫂庆祝生日。

三妹和二哥三嫂相处最久，姑嫂间的"矛盾"终究升华为姊妹情谊。三妹为三哥一家申请来港不遗余力，借三哥赠我的六字真言："扶上马，送一程"可以概括。爸爸去世后三妹接妈妈到九龙塘暂住，这给了妈妈和三嫂及宝宝共处的珍贵机会。

常常听到秀莲提醒大家姐要爱惜自己：请家务助理减轻负担；买靓衫装扮自己；买喜欢的东西奖励自己。

三个细佬由小到大始终对三家姐的权威说一不二。三人最津津乐道的是在麻雀台上"出千"围攻三家姐的满足感。每次讲起都回味无穷。

"小龙女"嫁"千里马"孝先——龙马精神、双剑合璧,相得益彰。三妹侍奉翁姑至孝,陪老爸打牌、陪奶奶扮靓都是高手,连姥爷在90岁高龄想上长城的心愿她都能帮他达成!胡秀莲是个长袖善舞的女强人,是周氏王国的经理。事业上是好搭档,物业上是老板娘,生活上是话事人,珍藏上是统筹人,意见上是"抓 fit 人"……半世纪的婚姻生活充分展示了三妹待人处事的卓越效果。

二姐默默祷祝你由金婚迈向钻石婚的过程更添姿彩!活出至盛美满的人生!

(作者胡秀英,为胡秀莲女士的二姐,本文写于周孝先、胡秀莲金婚之时,标题为编者所加)

我的舅舅周孝先

2023年10月11日是舅舅周孝先的祭日,转眼他仙逝已三年了。犹记得2019年舅舅90岁大寿,我由于工作关系,无法脱身,遂写了一幅"鹤寿"中堂托弟弟从悉尼带回上海相贺,深得舅舅、舅妈赞赏,我颇感欣慰。三年来,每逢祭日,舅妈总要率众家族成员赴苏州东山祭拜,弟妹不时通过微信将祭拜过程传送给我,舅舅的形象时不时地在我脑海里浮现。尤其是近年来,舅妈秉承舅舅遗嘱,将其一生收藏的部分古玩和艺术品捐赠给浙江大学,并创立了"周孝先、胡秀莲中国艺术史研究与教育基金",使我对舅舅有了进一步的了解。

20世纪60年代,由于特殊的历史环境,大家对港澳台及海外关系都讳莫如深，我们小辈都不知道有这么一位舅舅。70 年代中期，中国逐渐开放，舅舅第一次从香港回沪探亲，就特地来家里探望我父母，而当时我在农场务农，并没有见到他，但我由此知道，家母兄弟姐妹十人，舅舅排行第二，是长男，我们小辈都叫他"大舅舅"。家母排行第四，是他的大妹，舅舅与我家关系十分特殊，除了姻亲外，舅舅和家父还是中学时的校友至交。此后，他经常往返于北京、上海与香港之间，我们见面的机会就多了，由于是小辈，我难得与他交谈，但见他西装革履，风度翩翩，对外公、外婆及长辈亲友恭敬有加，一如其名："万事孝为先"，为我们小辈做出了最好的表率。虽然他事业做得很大，是中国纺织业的第一家中外合资企业——新疆天山毛纺织股份有限公司的创始人之一，但在亲友前从不提及，待人接物毫无架子，且极重礼数，谈吐温文尔雅，令人如沐春风。

我中学毕业后很少在家，先是去农场，后来考上大学又住校，与舅舅交往的机会并不多，但有两件事舅舅于我恩重如山，令我刻骨难忘。

1978 年高考，我考取了复旦大学中文系，舅舅得知后非常高兴，主动询问家母："嘉松上大学是否需要帮助？"我第一时间想到的就是书，当时内地百废待举，尤其是闹书荒，而我对香港书市的情况毫不知情，以为一如内地，一书难求，所以非常莽撞地就中国古典文学研究方面开了一长串书单，包括成套的类书、总集和别集等，心想如能买到一二也就心满意足了。不料没隔多久，我就收到中国海关通知，说有一批包裹要我去上海邮政总局办理提取手续。由于这是当时上海邮政总局第一次收到境外邮寄的大批量书籍包裹，我和弟弟一起骑着三轮黄鱼车去取时，邮政海关工作人员问了好多问题，最后得知我是刚考入复旦的大学生，寄书的是舅舅等，这才放行。回家打开一看，我开的书单上的书几乎都买到了，其中包括一批珍贵的线装古籍。后来表哥告知，舅舅拿到我的书单后，十分欣慰，立即派人前往各书店采购，书店将书送到公司后，他又安排员工装箱打包，忙了一整天。这批价值不菲的书成为我个人藏书中的珍本书，在我后来的学习研究中发挥了不可估量的作用。

第二件事是我和舅舅唯一的一次长谈。那是1987年，舅舅将外公接到北京东单的四合院奉养，家母也赴京照料。我新婚燕尔，携妻赴京探望家母及外公，正巧舅舅也在京，一天晚饭后，舅舅要回宾馆，我们也要回招待所，正好同路，遂一路边走边聊。我有机会向舅舅就当年买书一事当面郑重致谢，并向他汇报了自己的学习和工作情况，舅舅则和我谈了他当初到香港创业的往事以及改革开放后他与内地合作的经历。他认为当前国家走在正确的道路上，他对政府的改革开放政策充满了信心。他多次强调，国家的发展要靠实业，这也是他把国外先进的纺织技术引进中国的初衷。他说新疆棉质量非常好，他希望通过引进先进的纺织机械提高新疆棉的产能与质量。如今新疆天山毛纺织有限公司的"天山"牌羊毛衫已成为国家名牌，证实了他当年的远见卓识。这番交谈使我感到舅舅这一代实业家的思想与近代以张謇等为代表的"实业救国"思想一脉相承，他们以拳拳之心，孜孜念念报效祖国。舅舅的人格魅力深深印在我的记忆里，他强烈的爱国情怀，一直激励着我无论走到哪里，时刻都不能忘记祖国。通过这次交谈，舅舅也对我有较好的印象，家母后来告诉我，舅舅对她说："嘉松到底受过高等教育，谈话不一样。"我想这是对我最好的褒奖。

舅舅一生乐善好施，关注内地的教育、医疗和慈善事业，在广东、湖南、四川、江苏等地捐建多所学校，为优秀学生设立奖学金，为贫困地区学生设立助学金，为祖国的教育事业奉献爱心，也为北京协和医院等提供很多捐助，为国内医疗事业的进步做出了贡献。

舅舅钟爱中国文化，一生收藏了大量古玩，包括古代瓷器、玉器、字画、印章等，尤其喜欢收藏中国明清时期的家具，但他深悟所藏之物乃"暂得于己"，不为物累，故留下遗愿，委托舅妈要把一生所藏捐予社会。2023 年 5 月，舅妈携家族部分成员到浙江大学圆了舅舅的遗愿。目前已把部分收藏的精品捐献给了浙江大学，这批文物不仅丰富了浙江大学艺术与考古博物馆的馆藏，更为今后中国艺术史的教学提供了实物参考，功德无量。舅舅与舅妈联袂在浙江大学设立了"周孝先、胡秀莲中国艺术史研究与教育基金"，相信舅舅舅妈创设的基金可恩泽后代，一定有助于浙江大学培养更多中国艺术史方面的研究人才，为坚定文化自信添砖加瓦。

斯人已逝，风范长存。舅舅一生崇德尚善，身体力行，精忠爱国，无私奉献，是我们家族的表率，也是家族的骄傲，他的故事将在家族中代代相传，他的精神是我们家族的宝贵财富。

（作者叶嘉松，为周孝先先生的外甥，现为澳大利亚中国大学校友会联盟主席）

朋友心中的一座灯塔

《周孝先传》的撰写工作已接近尾声，不日将付梓。浙江大学教育基金会组织撰写组成员在现有材料极其有限的情况下，克服种种困难，通过大量的人物专访、实地考证，终于完成了传记的写作任务，真实生动地描绘了周先生精彩而不平凡的一生，这是一件非常有纪念意义的事情。

回想当年自己加入周先生的公司，最难忘的是他作为成功商人的大气与彬彬有礼的绅士形象；及后，随着接触的深入，一如大家对他的认知，他讲诚信、有善心、爱国、博学……很多光环都集于一身。要强调的是一个人有光环已经是不得了，而有很多光环更是了不得的人物。《周孝先传》中记录其亲友、客户的回忆及叙述，都是非常客观而正确的，在此不再重复赘述。

假若需要形象化地用物件描绘周先生，我会选择灯塔。是的，他是朋友们心中的一座灯塔，照亮前路，引领航行。只要认识周先生时间稍长的人，都会自觉不自觉地以他为中心，觉得他是和蔼可亲与值得信赖的人。他发自内心地关心别人，并不以亲疏及利益为考量，即便是街头巷尾摆摊叫卖的老妇或居港的外佣，他也力所能及地给予关心与提供援助，遵行"勿以善小而不为"的行事准则。周先生自幼受儒家思想熏陶，有中国传统的谦谦君子作风，行好事而不好名。他的很多捐赠援助都是匿名送出，我们协助执行时略知一二。周先生为人处世又极其低调，其事迹大多不为人所知，为其撰写传记，不仅可以纪念与弘扬其慈行善举，读者亦可以通过阅读了解他的事迹，从而从中汲取向上的力量。

周先生的中外朋友都知道他博学多闻，见识独到，且乐意真心帮助他人，每有疑难，都求助他或向他询问意见。所以，他成为众人的中心，成为指路的灯塔，他的关怀亦为很多人带来温暖。提及周先生的学识，大凡与他接触过的人几乎都有目共睹。他可以与大学教授交换有关历史文物的意见，与中医师讨论医理及养生，与名工匠探讨并提供古木材家具设计及材料的相关建议，与银行及中外商业集团分享对市场及经济的分析意见，与学者谈论《易经》……周先生涉猎的科目极其广泛，很多专家学者可能凭毕生之力研究都不能穷尽，但他在繁忙的工作之余可在不同领域达到相当造诣与水平，令人惊讶及钦佩。

　　周先生一生爱国，对他的爱国行为、事迹，传记已有详细的记载。借此想补充分享两点：其一是他虽然已经是非常成功的爱国商人，但新中国成立初期，在香港白色恐怖的环境下，他仍选择了冒着性命危险去践行爱国行动，这种勇气与魄力都具有崇高的境界；其二是他从不以爱国行动及领导人认同、肯定其个人而获取任何利益或方便，更一再指示公司必须避免令他人误解利用关系之嫌，其个人行为及操守是十分严谨的。传统的儒家思想对个人的"修身齐家"要求甚高，周先生终其一生，已经做到了，而且做得是如此圆满！此次浙江大学组织撰写传记，既可供后来者作为个人修养及行为的规范来效仿和学习，对中国传统文化推广亦有裨益，其社会影响自然是不言而喻的。

　　最后我想讲的一点是，现代社会不同程度地缺乏和谐，极端追求个人利益最大化，似乎已经成了社会通病。周先生用毕生的作为实践了"我为人人，人人为我"的价值观。他关心及帮助身边的人，很多中外朋友亦帮助他处理不同的难题，得道者多助，助人者人亦助之。汉代贾谊《新书》云："爱出者爱返，福往者福来，鸣鹤在阴，其子和之。"我们愿发扬及光大周先生的美德，推而广之，共建美好及理想的和谐社会。互助互爱，天下大同，才是中国传统的理想社会，值得大家努力与期盼。

（作者谭永结，为香港国际棉业有限公司总经理，略有改动，标题为编者所加）

德高望重的宁波女婿

我认识周孝先夫妇，大概是在 2000 年的春天。记得那是我刚调任宁波市侨办工作不久的第一个清明节。我一见到周孝先先生，就很快被他儒雅的外表所吸引，他知识渊博，谈笑风生，特别是当了解到他不顾业务繁忙和老板身份，每年的清明时节都会抽出时间，偕夫人一起从香港回来为胡家宗亲扫墓，并十分虔诚地在墓前鞠躬跪拜，我从内心更是对他肃然起敬。

2002 年下半年，我们根据市政府的要求承办首届甬港经济合作论坛等任务，开幕式其中一项议程是请香港方面高层致辞演讲，正当我们为请嘉宾犯愁，得知时任香港金管局的总裁任志刚先生是周孝先的亲属，有人建议可以请周孝先先生出面帮忙，但又顾虑任总裁日理万机公务繁忙，难以启齿，谁知我们一提出来，周先生就欣然允诺，并说："娘家的事就是我的事，这个口我来开。"结果他不仅为我们请到了任总裁出席论坛并演讲，还帮我们见缝插针地衔接安排任总裁在宁波的行程。记得当时任总裁是从日本直接过来，而且还生病了，周先生亲自到上海机场去接。周孝先途中打电话告知我们，马上备药，让任总抵甬后口服，这保证了他在宁波的重要活动不受影响。最终，论坛得到了时任中央政府驻香港特别行政区联络办副主任刘山在的"首届甬港论坛，一炮打响"的好评。

周孝先先生从 2000 年起还应邀担任宁波市海外交流协会的海外顾问，不仅在百忙之中抽出时间参加我们组织的各项活动，还尽心尽力为我们的对外交流工作出谋划策。记得 2000 年下半年他就很郑重地建议我们要跟上信息化的时代步伐，当时虽有传真和国际长途，但有时往往出现信息滞后等问题。他说，现在世界上已经在普及电脑，很多信息都是通过 e-mail 传送，侨办作为对外联络的一

个重要窗口，必须每人都配备电脑，才能提高工作效率来适应信息
化社会快速发展的需要。他的这个建议打开了我们的工作思路，我
们马上做出规划，依靠自筹资金和争取捐赠的方式，在三年之内做
到了全市侨务系统的干部人手一台电脑，在全省和全市率先实现了
办公自动化。周孝先先生热爱中华文化，对收藏情有独钟，他曾先
后多次邀请我去香港公司和苏州东山住宅做客，他有许多珍贵书画
和藏品，他讲起每件作品的来历都滔滔不绝，如数家珍，我充分感
受到他对弘扬中华文化的挚爱和所付出的心血。现在周孝先先生虽
然离我们而去，但是有关他的点点滴滴，却始终在我的脑海里挥之
不去……我们将永远铭记他对"娘家"的贡献，把他的精神财富传
承下去！

（作者邹建伟，为宁波市人民政府侨务办公室原主任）

深切缅怀周孝先先生

我于1985年开始从事绍兴市侨务接待联络工作。工作几十年间，
让我印象最为深刻的就是香港"棉花大王"周孝先先生。1995年的
12月，适逢周孝先、胡秀莲一行人由宁波祭祖折返上海途经绍兴，
下榻于位于府山脚下极具江南传统园林风格的绍兴饭店，时任苏州
市市政府秘书长蒋雨亭先生也一道来绍。在绍兴的几天行程中，我
有幸负责接待陪同。

初识周先生夫妇时我就感觉两位待人十分亲切，在我眼里周先
生夫妇是睿智长者，和蔼可亲。人与人之间的相遇相识，或许真有
上天注定的缘分。在之后几十年的交往中，我更加敬佩于周先生夫

妇爱国爱乡的高尚品格。或许是因为我率真耿直的个性，真诚待人、踏实办事的工作风格，我有幸与周先生夫妇结下了亦师亦友的情分。

周先生不仅是一位成功的商人，更是一位对中华传统文化有着深刻研究的儒商。这也是绍兴这座具有 2500 多年历史的小城之所以会吸引周先生数十次游访的缘由。周先生每次来绍兴，绍兴文物商店是必须去看看的。面对文物商店里的每一件待售商品，周先生都兴趣盎然，用淘宝贝的心态仔细地把玩他所中意的物件。当然，凭着他几十年浸润古玩的眼力和高雅的审美判断，他对古玩的挑选是基于其非常专业的鉴赏力。多年来，周先生慧眼识珠的淘宝经历得到了诸多古玩专家们的认同和肯定。这些古玩珍宝都被周先生精心收藏于上海、苏州或香港等地。在周先生逝世后，胡秀莲女士遵照周先生的遗愿，将其生前所收藏的一批中国传统家具和古玩藏品捐赠给浙江大学。这一举措旨在保护有价值的文物不至于落入不法渠道进而流失，这也正是他一生爱国精神最为真挚的体现。

让我印象最为深刻的是周先生偶然的一次"打眼"经历。他在文物商店购买了一件明清时期的"古董"物件，但在后续品鉴中察觉了端倪，遂请上海文物商店的工作人员进行鉴定，被告知确为赝品。随即他委托我与绍兴文物商店方面协调退货退款等后续事宜。虽然有些不愉快的插曲，但事后周先生在谈笑间不以为意，依旧与对方保持着良好关系。

博闻强识的周先生对绍兴的历史、民间传说也了解颇深。如一次在游览书圣故里时，他对戒珠寺、题扇桥、躲婆弄、宋梅桥等各处的传说故事娓娓道来、如数家珍，连我这绍兴人都自叹不如，对其渊博的学识更加敬佩不已。周先生平易近人，每次来绍都是轻车简从，无须相关领导陪同，随意地就像一名普通游客，甚好相处。一次，游安昌镇参观安昌钱庄时，讲解员因紧张出了错，周先生也是轻轻带过，而感兴趣的地方他就会虚心求教。

周先生不仅对绍兴的人文自然环境感兴趣，对绍兴的土特产也是喜爱至极，比如绍兴老酒、白切鹅、干菜毗猪肉、青鱼干、上虞范师傅的酱油等。每次过来都会购买一些带回去，他笑着说想回味家乡的味道，俨然把绍兴当成了第二故乡。具有探究精神的周先生不光购买绍兴土特产，还会进一步去了解土特产的历史和制作方法，如在游西街购买绍兴特产霉干菜时，他就特意向店员了解霉干菜的制作方法。

斯人已逝，幽思长存。周孝先先生千古！

（作者张玉蓉，为浙江省绍兴市人民政府侨务办公室原主任科员）

栽莲布道周孝先

初识周孝先先生，先从叙述里领略了他对浙江大学的馈赠和情谊，再从杨宇全主编的字里行间来品读这位受千秋文脉滋养的一代实业家的高贵灵魂。非常荣幸受聘出任《周孝先传》编纂委员会副主任，我曾提议以《棉心暖世香远益清》为他传记作书名。2023 年 2 月 28 日，我们去上海唐宫拜访周老遗孀胡秀莲女士和公子周宗元先生及侄女周嘉虹女士，在他们深情款款的回忆中，我的感受更加深刻，也努力去触摸、游历这位有着清流风骨的一代实业名士的精神疆域。

20 世纪中国发展充满着巨大变化，可以说是千秋之大变局，特别是改革开放对国运改变力度之大是空前的。我们如何在时代维度上来认知时代骄子周孝先的历史贡献和价值是面向未来重要的课题，这对当下精神世界日趋荒芜的人们有着深刻的警醒意义。

孝道齐家

周老孝先君的家族文脉传承是他一生的出发点，流淌在血液中的基因让他走向世界时更有底气和张力，律己利他的善良、崇高的信念和社会责任担当、自由的思想和灵魂，让他的人格洋溢着贵族般人文情怀。

周宗元说起小时候父亲曾要求他为祖父洗脚，把孝心融在行动里。周子专老先生病重期间，总少不了儿子周孝先陪伴在侧，他是在北京协和医院度过生命最后旅程的，享年一百岁。周老仙逝后，周孝先又以老吾老以及人之老的情怀，专门捐赠善款和车辆给北京协和医院。

周孝先一生却是过着淡泊自适的生活，远离烟酒，粗茶淡饭。他挚爱的太太胡秀莲出身名门、气质高雅，与他神气相通，一生默默操持家庭和事业，支持着周先生爱心远行，堪称相濡以沫一生的神仙眷侣。

百善孝为先，周氏家族文脉中流淌着善良基因，在周孝先、周宗元父子身上散发出耀眼的光芒。

仁爱立世

我们共同的先祖周敦颐不仅是宋代理学思想的开山鼻祖，所提出的无极、太极、阴阳、五行、动静、主静、至诚、无欲、顺化等哲学概念大大发展了儒家仁爱思想，其《爱莲说》更是被千秋传诵。

周孝先与先祖神气相通，这种传承既有血脉基因，更有文化自觉。周宗元先生说过一个细节，周孝先曾一个电话就让美国"棉花大王"发来达一亿美金的棉花，既没有预付款也不用信用证，这在而今世界是不可思议的事情，却在周老身上常常发生，他往往因为领导或朋友的推荐而投资，亲戚朋友需要他支持的也不计其数，不少款项虽有去无回，他也总是一笑置之。诚信是他做生意的本色，仁爱是他的人格形象，我绝不负人是他的人生信条，他总是自己默默承担，例如澳门一块地就是他因信任朋友而投资，但其实是个烫手山芋，因先天不足等各种原因闲置 30 多年，幸好后来在儿子周宗元手上得到开发。

每当李培培老师满怀深情回忆周孝先先生时，我脑海中浮现出的是仁爱布道者的形象，他广植莲根，传递着大爱，执着而善良，信念让他驾驭挪亚方舟远航，风雨、急流、冰川都无法阻挡他毅然前进的航向。

德行天下

2023 年 2 月 13 日，我曾同李培培、杨宇全、徐瑶希等人飞去北京，寻觅周孝先先生的生命轨迹，当天进北京协和医院感悟他的赤子之心，第二天上午去中国社科院了解他捐赠胡绳青年学术奖的细节，其间接到胡秀莲电话，中午又马不停蹄去拜访周老的表姑夫——名医吴桓兴公子吴璇光，他声情并茂地介绍着周先生，并让我们目睹到周先生曾用过的棉布浴巾。李培培欣然坐上，仿佛隔着时空在与周孝先对话。浙江大学党委原书记邹晓东与周孝先多有交往，谈到周老时，他对其德行和通达周到赞誉有加。

周孝先先生爱名诗，曾手写大量唐代诗人张继的《枫桥夜泊》：月落乌啼霜满天，江枫渔火对愁眠。姑苏城外寒山寺，夜半钟声到客船。也许他在书写中找到了游子归来时梵音穿越时空的心境。他爱书画、钟表及古董，欣赏、收藏书画、钟表和古董成为他的挚爱。他也喜欢音乐和戏曲，特别是古典西洋音乐和昆曲，家里买的光碟不计其数。他也爱养狗，爱心满满。

德行天下、润泽四方，他最热衷的是传播中华文化和躬身公益慈善，如同栽莲般种下爱心和文明的基因。经济的发展和文明的提升带给人们更多的是自由度和幸福感，这也是更多周孝先们为社会进步而知行合一、求真务实的探索之初心和原动力。

时代给每一代人不同的历史使命，周孝先和20世纪的精英们以实业救国、文化兴邦、良知善行立世，夯筑着民族和国家发展进步的基石。我们这一代更要克服膨胀的贪欲和避免疯狂的掠夺，从上辈手中接过文明的火种，求真务实，海纳百川，去拥抱世界所有的先进文化及文明成果，创造时代的辉煌才无愧于后人。这也许是如莲之悦的周孝先们最期待的历史轨迹吧。

（作者周岳平，为知名文化推广人、《周孝先传》编委会副主任）

感怀周孝先先生

我第一次见到周孝先先生是在2019年春。当时我随浙江大学发展联络办组织的代表团访问香港，拜访香港各界（特别是浙籍）人士，通过联谊活动争取他们对浙江大学发展的支持。2月25日上午，我们抵达周孝先先生公司的办公室，我在那里见到了著名画家谢稚柳先生为周先生画的一张十分精彩的大画，在茶几的玻璃板下面，也见到了一些周先生与党和国家领导人合影的照片。听发展联络办同事介绍：周先生在祖国艰难的时期，义无反顾地支持着祖国的建设事业。他的拳拳报国之心，令我感佩万分。

那天中午，周孝先先生、胡秀莲女士及周宗元先生邀请我们在陆羽茶室共进午餐。周先生的气色相当不错，但是行动不太方便，语言能力也稍有衰退。全程由胡秀莲女士招呼大家。胡秀莲说，数十年来，周孝先一直定时在这个茶室吃饭。那天胡秀莲特地拿出了冷藏多年的大鲍鱼招待我们，对浙江大学来的客人们十分热情。周孝先先生并没有说什么，周宗元先生坐在父亲身旁，耐心地帮助父亲进食。在席间的谈话中，我出于好奇心，询问世界各地棉花的特点，胡秀莲女士对这行十分熟悉，一一作了解答，让我长了不少知识，也了解了一些周先生当年创业的故事。

当晚，浙江大学举办新春团拜会，宴请香港各界人士。晚宴上除了校领导和香港知名人士致辞外，我作为浙江大学艺术与考古学院筹备组组长向嘉宾们介绍了正在筹备中的艺术与考古学院和艺术与考古博物馆。胡秀莲女士在女儿周崇洁女士的陪同下参加了晚宴，并和我亲切交谈。

两个月后，亦即 2019 年 4 月 13 日，我在上海再次见到了周孝先先生。这次是我出席在上海唐宫举办的周孝先先生九十华诞的寿宴。我在洒金红笺上书写了一个大"寿"字，装上镜框后，作为学校赠给周先生的贺礼。寿宴举办时，这个大字就挂在周先生座位后的墙上。

周先生是江苏人，胡秀莲女士是浙江人，但都在上海长大，都讲一口上海话。周先生的侄女周嘉虹女士和先生陆铀先生也都是上海人，我在和他们的接触中，常用上海话交流，有了亲近感。特别是周先生的侄女周嘉虹女士和她先生陆铀，和我是同龄人，我们有着相似的生活经历，也有一些共同认识的艺术家，因此有不少共同感兴趣的话题。在和他们的交往中，我也更深切地感受到了周孝先先生的家国情怀。他对祖国经济建设做出的贡献，对艺术的热爱，对社会公益事业的热心，对浙江大学的关爱，都深深地感动着我。

2020 年秋，周孝先先生仙逝，我代表浙江大学艺术与考古博物馆出席了告别仪式。此后，我校发展联络办转达了周先生家属希望由我来书写周先生墓碑的愿望。能为周先生这样一位爱国实业家书写墓碑，我深感荣幸。接到任务后，我认真地书写了发展联络办交给我的碑文。过了几天，发展联络办通知我，香港有不同于内地的墓碑书写方式，于是，我重新书写了墓碑碑文。

2021 年，胡秀莲女士和周宗元先生向浙江大学做出了慷慨的捐赠。为了感谢他们对浙江大学的支持，我校将浙江大学艺术与考古博物馆三号展厅命名为"周孝先 胡秀莲厅"，今后前来参观的人们也因此能够了解他们的情怀和贡献，这将是一件多么有意义的事情。

（作者白谦慎，为浙江大学艺术与考古学院原院长）

故乡是永远的根

2021 年 9 月 17 日，我受命担任了浙江大学艺术与考古博物馆馆长。9 月 22 日，李培培老师等一行到博物馆开会，商量胡秀莲女士拟捐赠位于苏州东山的一幢明清民居，另外还准备向浙江大学教育基金会捐赠 2000 万元人民币的艺术教育基金以及她和周孝先先生收藏的一批紫檀与黄花梨家具。周孝先与胡秀莲伉俪与浙江大学艺术与考古博物馆的往来已有几年，他们是李培培老师的多年好友，与博物馆的白谦慎、楼可程两位馆长也有着很深的友谊。此次胡秀莲女士的捐赠也完成了周孝先先生的遗愿。周孝先先生是香港国际棉业有限公司的创始人、"棉花大王"。他一生爱国、爱港、爱乡，热心资助慈善和教育事业，对中国传统文化有着深厚的感情。胡秀莲女士希望周孝先先生收藏的心爱之物能够有个好的归宿，也希望通过赞助博物馆与艺术教育，使中国文化中的那份美好能够得到更好的传承与发扬。

10 月 13 日一早，我与李培培老师、阎文雯及博物馆的潘慧敏一起去上海拜见胡秀莲女士。台风天一路风雨，11 点我们到达了上海虹桥郁金香宾馆的唐宫。白谦慎院长因为顺便回上海探望母亲，所以提前一天就到了。我们到后不久周嘉虹和陆铀夫妇也到了，陆铀先生也是香港企业家，祖上是浙江湖州望族，夫人周嘉虹是周孝先先生的侄女。他们与周孝先先生一样也都热心于资助教育事业。陆铀先生成长于上海，与白谦慎教授同龄，而现在白谦慎先生的母亲所住的里弄，陆铀先生家也曾经住过。人生缘分竟有如此之深的关联，也真是神奇。11 点半我们见到了胡秀莲女士，她祖籍浙江宁波，早年毕业于日本神户女子大学。虽然已年逾八旬，但她雍容闲雅的气度里还透着大户人家的家风与年轻时驰骋职场的英姿。2013 年周孝先夫妇专门成立了"秀莲教育基金会"，又在全国许多地方捐建学校与资助贫困学生。拳拳赤子之心、殷殷桑梓之情让人感动。吃饭时胡秀莲女士拉我和白谦慎教授坐在她的左右，不断地为我和白老师夹菜，这家饭店是胡秀莲女士喜欢的广东风味，菜烧得地道、精致。宴席间也第一次听她讲述了他们企业的一些经历，以及当年为新疆捐飞机等爱国义举。我能以浙江大学艺术与考古博物馆馆长的身份与周太太签订捐赠协议，想来也真是一种缘分和荣幸。10 月 27 日一早，我们又从杭州出发前往苏州东山的周家住宅，约了胡秀莲女士点交捐赠物品。上午 10 时左右我们到达苏州东山启园路，胡秀莲女士在侄女周嘉虹的陪同下从上海赶过来。这里是一处 30 多亩地的园子，因为周孝先先生出身于江苏的名门世家，所以天生对这片土地饱含深情。20世纪80年代，周孝先先生便在苏州东山置地，奔波事业之余，与夫人胡秀莲女士隐居于此。周先生不仅留恋家乡的山水田园，对于不断消失的中国传统文化更是充满热爱与惋惜。80年代他购置了一幢即将被拆除的明清民居，复建于他的园林一隅，在其周边置石栽竹，堆砌假山，修建小桥石亭，营造出一方清幽的天地，在这里仿佛构建了一个可以通往古代的时间宝盒。周先生要捐的紫檀和红木家具等物品就陈设于古建筑中。在他办公和居住的小楼周边也散落着周先生收藏的古井圈、柱础石等老物件。虽然我无缘再与周先生相识，但身临其境，抚摸他生前的珍爱收藏，亦如见其人。

11月8日，我们再次去苏州东山，周先生的侄女周嘉虹女士陪同我们清点、包装捐赠物品，将其正式运回浙江大学艺术与考古博物馆。

2022年，全国疫情肆虐，大家都无法正常出门与工作。胡秀莲女士决定把办公楼和住房内的家具，除少数她们自己留用之外，都捐赠给浙江大学。园子里的假山、石亭等物也都一起捐赠。但由于疫情原因，一直未能清点和搬运。

2023年3月7日，我和马景娣副馆长及徐瑶希、潘慧敏一起到苏州东山，约了周先生侄女周嘉虹女士第二天会面。恰逢三八妇女节，一早徐瑶希去给周嘉虹女士及同来的"女神"们买花。我们在宾馆边的油条烧饼店吃了早餐，然后去周孝先先生家的园子。搬运公司提前就从杭州过来了，早上7点已开始装假山石，拆石亭子。胡秀莲女士与侄女周嘉虹提前一天从上海过来，清点好拟捐赠物品，周太太当天回了上海，周嘉虹女士住在东山等我们。9点半大家一起到周孝先夫妇原来办公和住宿的房子整理、挑选家具，一部分胡秀莲女士要运回上海自己用，一部分给她的亲戚，其余的由我们挑选。

清乾隆年间"敦素堂"匾额（周孝先旧藏，现藏于浙江大学艺术与考古博物馆）

一些是周先生原来定做的黄花梨家具，一些是他当时买的成品红木家具。内门的上方有一块"敦素堂"匾额，胡秀莲女士打来视频电话告诉我说，这是周先生当年买来的一幅老的匾额，敦素堂是明代安徽著名的堂号，这副匾是清乾隆年间的，字与内容周先生都非常喜欢，胡秀莲女士说这次也一并送给我们了。我说我们一定会收藏好、展览好的，请她放心。院子里有两棵周先生当年种的紫藤，已经长得碗口般粗壮，胡秀莲女士也允许我们移栽到浙江大学。胡秀莲女士把这么多周先生生前喜爱的家具物品捐赠给浙江大学，包含了她和周先生对教育事业的热爱。我也深深地感受到她对这里的一草一木、一砖一瓦的眷恋及她与周孝先的伉俪情深。周嘉虹女士说：大伯伯一生没享什么福，总是努力工作，工作之余只是在园子里走走，在书房里看看书、赏赏画，他为国家、为别人做了那么多事，却从不张扬，不求回报，子女、亲戚若稍有不当言语和名利之心，他会严厉批评。我虽无缘与周先生谋面，但从照片中也可以深深地感受到他的儒雅与慈祥，理解他那份中国传统文人儒者的情怀与为人之道。

2022 年我们正式将浙江大学艺术与考古博物馆第三展厅命名为"周孝先 胡秀莲厅",周孝先先生所珍爱的古家具已成为人们观赏学习的展品。浙江大学正式设立了"周孝先、胡秀莲中国艺术史研究与教育基金"。《周孝先传》也正在撰写之中,斯人已去,其德永存。周孝先先生也永远长眠在了他的家乡苏州东山。

（作者刘斌,为浙江大学艺术与考古博物馆馆长）

永远的周孝先先生

缘于李培培老师的引见,我得以与周孝先先生、胡秀莲女士伉俪相识、相交,尽管此后与先生伉俪及其公子周宗元先生仅短短三年多的交往过程,但在和他们具体商谈、策划先生伉俪向浙江大学艺术与考古博物馆捐赠实物及设立"周孝先、胡秀莲中国艺术史研究与教育基金"过程中,在有幸、有缘陪同李培培老师、白谦慎院长等参加先生的 90 岁寿诞、遗体告别仪式和葬礼等事中,我深切地感受到先生及其家人爱国、爱港、爱乡的大爱情怀和对传承中华优秀传统文化的执着和无私奉献。

最初李培培老师和我聊起周孝先先生的时候,我就马上在网上查找有关周先生的情况,但是除了极少量的企业信息之外,居然没有一点有关周先生个人的信息,包括我现在了解的有关先生过去为新疆建设、抗美援朝等所做的历史性贡献的事迹,所以一开始我并未过多地关注他。直到李培培老师说向周先生夫妇介绍了学校艺术与考古博物馆的情况,他们很感兴趣并要来学校参观,让我一起参与接待并策划相关项目方案时,我才又认真、仔细地向李培培老师了解了周孝先夫妇及其过往的事迹。作为在浙江大学基金会工作近30年的老员工，我之前也曾接待过很多来访浙江大学的社会知名人士，他们或是商界精英，或是实业榜样，或是爱乡楷模，均对祖国建设和教育事业等做出了杰出的贡献，但他们中的任何一位，只要在网上一搜，词条不会少，甚至上万。感觉按照周孝先先生的经历、贡献，他也完全称得上是商界巨子，实业榜样和爱国、爱乡楷模，然而他好像却一点也不"知名"！当在紫金港校区第一次见到周先生伉俪时，我看到已至耄耋之年的二老仍然如此不辞辛劳，长途奔波，周先生更是看上去略显疲惫，但依稀还是让人感觉一位俊朗儒雅、一位端庄优雅，这不禁让我对先生夫妇由久仰马上变成了肃然起敬！

在接下来的两年多中，我主要是针对先生伉俪拟捐赠的相关珍贵实物（主要是明清家具等），特别是二老拟向学校捐赠的在苏州东山的一幢明清建筑，配合李培培老师与时任馆长白谦慎及时任常务副馆长楼可程等进行了多次的洽谈和商讨，学校就接收相关实物尤其是如何搬移及安置那幢明清古建筑（前后酝酿和设计了多个方案，期间学校相关领导和部门都高度重视，包括学校基建、后勤部门、设计院等单位均给予了多方协调和配合）召开了多次专题研讨会予以研究。目前，先生伉俪已向学校捐赠2000万元人民币设立了"周孝先、胡秀莲中国艺术史研究与教育基金"及价值数千万元的一大批珍贵的家具实物。可以说，他们有力地支持了学校艺术与考古博物馆的实物教学及系列研究工作。

这个捐赠项目得以顺利实施并起到良好的示范作用，得益于李培培老师的引荐、策划和联系，得益于艺术与考古学院白谦慎教授多次与二老的真诚交流和沟通，甚至包括与周先生侄女婿陆铀先生的缘分、楼可程副馆长的精心接待安排和介绍、艺术与考古博物馆同仁及我们发展联络办同事特别是海外部的小伙伴们的努力，当然也离不开先生侄女周嘉虹女士不时在中间热情的穿针引线。但回顾其间与周孝先先生、胡秀莲女士及其公子周宗元先生三年多的接触、交往、交流，最终还是周孝先先生、胡秀莲女士、周宗元先生等醇厚的家学渊源、深厚的家国情怀以及对祖国优秀传统文化的无比热爱和执着的赤子之心，促成胡秀莲女士和周宗元先生母子能秉承周先生遗志，慷慨捐赠巨资及价值不菲的家具实物，来支持浙江大学艺术与考古博物馆的建设和发展。

谨以此文深切缅怀周孝先先生！诚挚感谢胡秀莲女士及周宗元先生等不遗余力地秉承周孝先先生遗志，矢志传承中华优秀传统文化、支持祖国教育事业、热心公益！

（作者顾玉林，为浙江大学党委办公室、校长办公室副主任）

我记忆中的周孝先伯伯

重阳节刚过，香港求学时期的导师夫妇来杭州，我带着自己的七名硕士、博士生与他们相聚，交谈甚欢。我在香港求学工作的十年点滴，一幕一幕浮现脑中。特别是受到很多长辈尊者的关心和鼓励，其中最难忘的就是周孝先夫妇。

父亲在侨务部门工作了几十年，我在高中、大学时期，就经常听他讲述许多海外侨胞、港澳同胞在外创业回报家乡的故事，他们爱国爱乡的家国情怀，时时打动着我，周孝先、胡秀莲更是具有传奇色彩。父亲经常会对我说，不能只记住他们现在的成就和荣誉，更应该记住的是他们的艰苦创业史和默默为国分忧的奉献精神。回想第一次在香港拜访周伯伯时看到的他的办公室布置简朴而不失雅致，一张不大的办公桌上整齐摞垒着高高的各类文件和报纸杂志，抽屉中有两本珍藏的相册，一本是和我国的许多领导人的合影，一本是在故宫博物院所看过的许多文物的照片。周伯伯公司的同事告诉我，新中国成立初期，国家建设急需外汇，虽然公司正处在艰难的创业期，但周伯伯第一时间为国分忧，支持国家发展……类似这样的感人故事还有许多，对我的触动和影响很大，这可能也是我成年后特别热衷于做公益志愿者服务社会的主要原因。

大学毕业后，我在浙江大学医学院附属邵逸夫医院做临床医生，经常在各种媒体上看到、听到邵逸夫先生捐资建立邵逸夫医院、图书馆等的慈善事迹，却鲜少听闻、也查阅不到周家的一点儿信息，后来我才知道邵逸夫医院的第一批护理团队就是在周伯伯的多次协调帮助下，从北京协和医院选派精英力量赴杭州支持，邵逸夫医院才得以顺利运转。现在回想，周孝先夫妇一直是低调做人、默默奉献的。在香港多次与周孝先夫妇的愉快相处中，我也很少听到他们讲自己创业报国的事情，我记忆中关于他们比较完整的故事，大多是他们的同事或好友偶尔提及拼接而成的。记得2010年我同周伯伯夫妇讲起在美国乘内陆小飞机在峡谷剧烈颠簸的吓人经历，周伯伯也深有同感地说起他有一年去新疆出差乘坐的飞机急速坠落一分钟的故事。直到这次编写传记，我才知道原来那次的新疆"出差"，他成功为中国引入了世界领先的新型控虫技术和第一批农用飞机，为后来新疆棉业的兴盛发展奠定了技术基础并提供了保障。

在香港中文大学求学和工作的十年，我有幸认识了很多成功优秀而又谦逊低调的师长前辈，是他们真正教会了我如何做人做事，使我能够在思考问题、处理事情时学会更多地去照顾他人。2007年我第一次见到周孝先夫妇，他们与我的导师香港中文大学中医中药研究所的梁秉中教授相识。周伯伯经常半开玩笑说的一句话就是：

"我不相信西医的，就相信中医中药，这是我们的国宝。"梁教授也多次提及，中医中药研究所发展的初期曾得到周先生的大力支持，尤其是建设中草药基地，不仅是经济上的支持，周先生还多次亲临现场指导，多年持续关心、关注中医中药的发展。周伯伯对于我做中药的工作非常开心和支持，多次鼓励我"要多做好药，多帮助国家和人民"。我从英国、美国进修回港和完成在德国的博士后工作后，都去看望了周伯伯夫妇，他们每次都非常高兴地鼓励我"要把祖国的文化和中医药推向国际，让更多的外国科学家和医生知道我们的中医中药"。

2015 年，我作为"中药安全评价方法学"的学术带头人被人才引进回到杭州。后来我每次去香港，周伯伯一定会在百忙中留出宝贵的时间，听听我的成长和计划，并继续指点我的未来发展，他们夫妇也一定会和我一起吃个饭，周伯伯一次次地叫我多吃菜，胡秀莲女士不停地给我夹菜，就像长期在外的孩子回家时所享受的家人关心和欢聚那样，我每次回想起来都会再次感动万分。有了这些长辈的关心和支持，在学校大团队的共同努力下，我们在 2022 年末成立了"浙江大学长三角智慧绿洲创新中心"及"浙江大学未来健康实验室"，积极开发中药大健康产品；2023 年初获批了现代中药创制全国重点实验室的国家最高能级平台，积极研发中药新药，保障和造福百姓的健康生活。遗憾的是，周伯伯没能亲眼看到这些。但我们依旧感恩，胡秀莲女士及更多的周氏家人多次来浙江大学考察访问并慷慨捐赠，特别是对我们药学院的中药交叉创新基金给予了很大的支持。

周先生虽已仙逝，但他的精神永存。周伯伯夫妇对我和许多年轻人的关心和帮助，我们始终感恩于心；我们也会将他们的高尚品质和奉献精神传承发扬，在高校工作中培育更多优秀青年人才。不负前辈期望，加倍敬业工作，服务人民大众，努力造福社会，以告慰周伯伯的在天之灵！

（作者李璐，为浙江大学药学院研究员，浙江大学长三角智慧绿洲创新中心未来健康实验室副主任）

高山仰止　永忆周公

坐落于浙江大学紫金港校区一隅的艺术与考古博物馆是校外嘉宾来校每每必去之所，而其中的中华传统家具展则是我带领他们参观艺术与考古博物馆时必观之展。这不仅因为馆内所展出的家具，其丰富的品类和精美的程度在高校博物馆中实属少见，更因为它们背后铭刻着捐赠人周孝先先生、胡秀莲女士伉俪对祖国的赤诚热爱、对中华优秀传统文化的孜孜追求以及对教育事业倾力支持的德风懿行，值得让每一位观展的人去了解和礼敬。

尽管我未能有幸亲见周孝先先生本人，但是通过在观展时无数次地聆听对展品捐赠人的介绍，通过听与周先生有过交集的同事们的细述，通过为更多地了解这位谦谦君子之风的儒商而做的或有心或无意的资料收集……周孝先先生的形象在我脑海中愈发高大且鲜活。先生祖籍江苏，幼承庭训。诗画江南山水的滋养，吴中雅韵风物的浸染，书香世家家学的陶冶，使其对中华文化的热爱灵根深种，也由此奠定了周先生一生醉心收藏的根基。在获得事业上巨大成就的同时，彼时已是香港著名企业家、收藏家的周孝先先生，始终不忘为他的精神故园——祖国内地的经济建设和文教事业发展倾尽心力，而对于中华优秀传统文化的保护和弘扬更是深耕不辍。从 20 世纪50年代捐赠棉花和纱布等医用物资支援抗美援朝，到成立国际棉业有限公司，投资设立新疆天山毛纺织有限公司，为当地引进国际最先进的技术和设备，从捐赠十余架农用飞机助力我国棉花事业和新疆地区发展，到携手胡秀莲女士共同成立"秀莲教育基金会"资助优秀学生和经济困难学子，再到2021年10月胡秀莲女士及其家人秉承先生遗志向浙江大学教育基金会捐资设立"周孝先、胡秀莲中国艺术史研究与教育基金"，同时捐赠大批珍贵传统家具，推动艺术史实物教学的开展……商海、公益、校园，先生奔走忘年，用他的一生生动诠释了什么是流淌在血脉里的家国情怀，什么是厚植于灵魂深处的儒士风骨。

怀着对周孝先先生的崇敬之心，我在2021年的初秋时节第一次见到了周家人，也第一次有机会近距离地去感受、去瞻仰先生的懿范。那是2021年10月27日，我和艺术与考古博物馆刘斌馆长等来到苏州东山镇启园路，胡秀莲女士和侄女周嘉虹女士热情地接待了我们。徜徉在这座典型的江南庭院之中，胡秀莲女士如数家珍般地向我们娓娓道出园子里的建筑以及各种家具的情况，从她的言谈中可以感受到她所流露出的对于周先生的浓浓思念，以及由此而坚守先生弘扬中华优秀传统文化遗愿的挚情。参观结束之后，胡秀莲女士向我们表达了对于浙江大学的高度认同，并表示如果学校需要，这座园子里的亭子、太湖石等她都愿意捐赠给学校。胡秀莲女士的笃定表态对在场的我们来说可谓字字千钧，此情此景下更有一种力量和情怀在其中鼓舞着我们。回杭后，此番见面的场景时常浮现脑海，敦促着我和同事们将项目做得更精、更细、更好。这不仅是为了不辜负周孝先先生、胡秀莲女士伉俪对浙江大学的这份信任，也是为了回馈周先生终其一生为传统文化所做的默默努力，更是为了我们对周先生虽未曾谋面却存在已久的那份熟悉和敬仰。

　　对周孝先先生进一步加深了解是在 2023 年 2 月 22 日跟随黄先海副校长赴香港拜访周孝先先生之子周宗元先生后。当天，我们来到香港国际棉业有限公司，代表学校项目执行方向周宗元先生汇报了项目执行情况，并向其颁发了捐赠证书和铭牌以表达学校的感谢之意。周宗元先生热情地接待了我们，并对项目所取得的丰硕执行成果给予了肯定。之后，我们一行人应周宗元先生之邀前往香港老字号餐厅陆羽茶室餐叙。往事千端，抚今追昔。从宗元先生的讲述中，大家知道了解陆羽茶室的由来以及周家与陆羽茶室的渊源，知道了周孝先先生爱茶，一如他对中华传统文化的执着追求，知道了那悬挂于茶室二楼大厅，绘有精品牡丹的画纸是由周孝先先生于 1963 年前后购买的清代康熙时期的老宣纸，知道了这幅牡丹图亦是由周孝先先生延请国画大家王雪涛所作……茶香飘渺间，周孝先先生温文尔雅的形象已粲然、鲜明地矗立在每个人心目之中。

　　却顾所来径，苍苍横翠微。尽管周孝先先生离开已三年有余，但他却留给我们一座精神富矿，每一件中华传统家具都为我们打开了一扇窗，从这里可以看到的是历史、是故事，是它们背后中华传统文化的鲜活记忆，更是周孝先先生的殷殷赤子之心，我辈走近与领略传统美学之余，更知器物之外，最是精神无穷。斯人虽去，其德永馨。唯愿以先生之德黾勉我辈，饮水思源，高山仰止，景行行止。

　　（作者翁亮，为浙江大学发展联络办公室副主任、教育基金会副秘书长）

贤达伉俪　百世流芳

泱泱中华，贤达辈出。

浙江大学教育基金会主要负责海外联络的事务，本人有幸在工作中接触到众多社会贤达和知名人士。其中，荣幸结识香港著名企业家、收藏家周孝先先生和胡秀莲女士，让我领略到他们的高尚品格、高深文化，确是受益匪浅。

我第一次见到周孝先先生、胡秀莲女士是在他们上海的住所。彼时周先生因年事已高坐在轮椅上，但是仍能感受到他的儒雅风范，毛衣开衫配小丝巾穿得一丝不苟，胡秀莲女士在一旁照顾得很周到，实时关注着周先生的需求。家里客厅摆放着他们各个时期的家庭照片，透过照片可以感受到夫妇二人年轻时的卓越风采。

2021年10月13日，我随同李培培老师、艺术与考古学院院长白谦慎、艺术与考古博物馆馆长刘斌等一行，赴上海拜访胡秀莲女士。记得当天是农历九月初八，胡秀莲女士特地挑选了这个好日子，邀请我们去上海商议关于捐赠的事宜。当天我们带着初拟的捐赠协议，胡秀莲女士没有对协议提出任何疑义，当即就现场签约，正式设立"周孝先、胡秀莲中国艺术史研究与教育基金"，同时捐赠了一批珍贵的中国传统家具，以支持艺术与考古博物馆开展艺术史实物教学与研究。当天是胡秀莲女士与刘斌馆长签署捐赠协议，李培培、白谦慎见证了签约仪式。虽是简单的签约仪式，但是却庄重而意义深远，签约仪式也开启了周家对浙江大学的持续支持。在我们返回杭州的路上，胡秀莲女士打来电话告知2000万元人民币已经打入浙江大学教育基金会的账户。这个消息令我们整个拜访团都感到振奋、惊喜，同时也感佩于胡秀莲女士行事风格的果断，以及对浙江大学的信任与认可。

2023 年 5 月 6 日，在长久的期盼中，终于迎来了胡秀莲女士来访学校，当天在浙江大学艺术与考古博物馆举行了"周孝先　胡秀莲厅"的揭牌仪式，厅里也专门布展了"屏居佳器——周孝先、胡秀莲伉俪捐赠家具展"。在捐赠仪式上，胡秀莲女士感言："希望通过我们的捐赠，让更多的人通过观看展示的藏品，近距离地欣赏和感受中华优秀传统文化的无穷魅力。"在之后的日子里，展厅迎来了一批批的参观访客。因为工作的原因，我会经常陪同海外、国内的客人到艺术与考古博物馆参观，每次周孝先　胡秀莲厅都是必定参观的一个厅，家具、玉器、瓷器经过专业布展后，散发出它们的价值，有成千上万的人可以领略它们的风采，每当给客人介绍这批捐赠物品的由来时，周孝先先生、胡秀莲女士深厚的家国情怀以及对中华文化的无比热爱便传递给了更多的人。同时，我对基金会的这份工作也有了更深的理解——为有情怀的人士实现慈善愿望，同时惠及更多的浙江大学学子。

正所谓前辈栽树，后辈受荫。周孝先先生、胡秀莲女士给我们带来的珍贵的历史文化、传世财富、宝贵精神将会代代相传、流芳史册。

（作者阎文雯，为浙江大学发展联络办公室海外发展部部长）

我所知所识的周孝先先生

周孝先先生，我的记忆中对于他的印象可以说是既陌生又熟悉，陌生是因为我从未与周先生打过照面，我从未亲眼见过他的姿态、听过他的声音、感知过他的气质；但是另一方面，周先生却又是在我记忆中印象最为深刻的一位浙江大学重要捐赠者。

最初知晓周先生是在 2022 年上半年，因协助领导开始推进《周孝先传》的资料整理工作，我慢慢以一个旁观者的视角认识了这一位爱国家、爱家人、爱朋友的香港"棉花大王"。与了解的其他著名香港爱国商人不同的是，在搜集、整理周先生的一手资料的过程中，通过其家人、朋友的口吻，看着周先生点点滴滴的创业、生活、奋斗的人生轨迹，一个鲜活且亲切的身影渐渐在我脑海中变得完整、饱满。

通过不断地挖掘整理，我深刻体会到周先生一直在为国家棉业的发展、为社会慈善事业的建设，甚至是抗美援朝的幕后默默做出着贡献，令我感到惊叹的还有我国新疆棉花行业能跻身世界一流的背后，竟离不开周先生的鼎力支持，这样一位对国家发展居功甚伟的老先生却低调到在网络上很难搜索到他的痕迹。因此我更加确信出版《周孝先传》意义深远，不仅是承载周氏家族思念的寄托，更是要让世人了解中国的崛起是因为有一位位像周先生那样的先驱者在默默奉献，我们在享受前人的惠泽时理应认识他们、牢记他们。

虽然遗憾没有见过周先生，但随着《周孝先传》筹备工作不断开展，我有幸跟随编辑委员会的成员一起于 2022 年 6 月赴胡秀莲女士故居宁波北仑区许胡村调研采访乡亲，于 2022 年 9 月赴上海采访胡秀莲女士、周先生侄女周嘉虹及其丈夫陆铀，于 2022 年 10 月赴苏州吴中区东山镇周氏墓园祭奠周先生，并考察周氏老宅，采访老管家俞伟林。2023 年 2 月，更有幸在黄先海副校长的带领下，赴香港拜访了周先生的儿子周宗元，近距离参观过周先生曾经艰苦奋斗的结晶——香港国际棉业有限公司。认识周先生的亲人、朋友、同事，走过他的故乡、故居、公司，我为自己能参与《周孝先传》出版工作而感到无比的激动与自豪。

正如传记中所言，忠孝立世、为国为民，愿周孝先先生的高尚品德与传奇人生能为更多人所知、为更多人所学、为更多人所敬。

（作者骆凯强，为浙江大学发展联络办公室海外发展部主管）

周家印象

与周孝先先生、胡秀莲女士第一次见面是在 2017 年 10 月 22 日。当天，我随时任常务副馆长楼可程老师一同带着来访浙江大学的周先生一行参观了建设中的艺术与考古博物馆。穿过脚手架、砖石与尘土，面对空荡荡的展厅，周孝先先生、胡秀莲女士等人很认真地听着楼老师描绘我们博物馆的使命、理想与未来，不时提问，并对我们的展览、教育规划点头赞许。那个瞬间，我对这对穿着低调朴实又认真专注的老夫妇产生了一种亲近感。

之后，在 2019 年的 2 月，我又随楼可程老师、白谦慎教授借参加浙江大学香港新春答谢会的契机于香港拜会了周孝先先生一家，紧接着在当年 4 月我受邀赴上海参加了周先生的 90 岁寿诞。几次接触经历，让我对这一家人有了更多的认识：周孝先先生胸怀天下、低调朴素，胡秀莲女士端庄大气、秀外慧中，周宗元先生实干忠厚、纯孝善良……

因身体和疫情原因，周孝先先生、胡秀莲女士此后几年没有再实地来过浙江大学及浙江大学艺术与考古博物馆，也未能亲眼见证开放后的浙江大学艺术与考古博物馆正如当初描述般在孜孜践行实物教学、文化传承的使命。但从周孝先先生一家的挚友李培培老师处仍能得知他们一直在默默地关注、关心着我们艺术与考古博物馆的建设发展。

仍记得 2020 年 10 月，惊闻周孝先先生去世消息时校内、馆内同仁们的悲痛与遗憾。令人敬佩与动容的是，一年后，胡秀莲女士秉承周孝先先生遗愿，向我们艺术与考古博物馆捐赠了其收藏的一批珍贵家具实物，同时捐资设立了"周孝先、胡秀莲中国艺术史研究与教育基金"，用以支持艺术与考古博物馆开展实物教学工作。怀揣着感动和责任，刘斌馆长、马景娣常务副馆长随即带领我们开展了该基金的系列研究、展览和教育工作，取得了良好的成果与反响；同时，在征得周家同意后，我们开始了《周孝先传》的编撰工作，希望通过这部传记铭记并弘扬周孝先先生利国利民的传奇经历与仁义厚德。

一年多的采编工作，愈发拉近了周孝先先生、周家和我们的距离。老先生在自己成长、创业过程中的艰苦朴素、砥砺奋进，在祖国抗美援朝、新疆建设时期的挺身而出，在多所科教文卫单位建设发展中的慷慨相助，以及对父母的悉心照料、对子女的严格教诲、对同僚朋友的仗义厚待……历历往事在 90 多载的岁月长河中被重温、整理并用心记录，周孝先先生的形象在我们心中也变得更加的丰满、真实、可亲可敬。

愿传记顺利付梓。也愿我辈不负周家的托付与信任，不负艺术与考古博物馆的使命与理想，继续做好这份充满意义的工作。

（作者徐瑶希，为浙江大学艺术与考古博物馆发展联络部部长）

月是故乡明

20 世纪 80 年代，改革开放的春风吹拂着神州大地，太湖边的东山镇也焕发了蓬勃生机。新的镇政府大楼将拔地而起，两座苏式明清民居将被拆毁。舍不得这些老房子，周孝先便将其搬到了东山镇启园路 35 号这个院子里，易地保护。于是在占地 30 亩的院子中，多了一个两进的古色古香小院落，前院后院种上芭蕉、竹子、桂花，房前屋后用太湖石垒起假山。山不在高，有仙则名，而这座古建的灵魂，便是周老先生一点点添置的古典家具。

周家先后两次向浙江大学捐赠家具，共 100 余件，其中不乏紫檀、黄花梨家具的经典样式。中国传统家具的收藏风可以说是从国外刮到国内的。周家从事国际贸易，熟悉西方世界的繁华，却更愿意相信"月是故乡明"。

说起中国的传统家具，晚清民国时简约雅致的黄花梨家具就在北京的外国人圈子里悄然流行。当国人努力追赶时代步伐的时候，

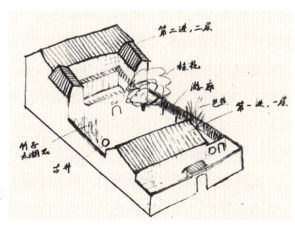

周孝先先生易地保护的两座
苏式明清民居手绘图

海外的中国家具收藏却渐成体系，研究逐步深入。18世纪，英国著名建筑师威廉·钱伯斯（William Chambers）在欧洲出版了《中国建筑与家具设计》；1926年，莫里斯·杜邦著《中国家具》；1944年，古斯塔夫·艾克出版《中国黄花梨家具图考》；1971年，美国人安思远出版了《中国家具》。国人也在中国传统家具研究领域丢下的一颗重磅炸弹——王世襄编著的《明式家具珍赏》，1985年9月由三联书店、文物出版社联合在香港出版，一年后英文版、法文版问世。周家向浙江大学捐赠的家具中，部分制作于20世纪八九十年代的家具，在《明式家具珍赏》都可以窥见一斑，也为我们了解中国近现代最早的一批仿古家具样式提供了实体样本。

花梨木三屏风绦环板围子罗汉床与王世襄著《明式家具珍赏》中的"清紫檀三屏风绦环板围子罗汉床"高度一致。王世襄在书中介绍：床身无束腰，设管脚枨。其结构从正面的管脚枨来看，距腿足尺许的部位安立材。立材腿足之间形成的空间装竖方框，左右各一。立材与立材之间的空间，装横楣子式的窄横方框，使管脚枨上留有较大的空间，以便垂足坐在床沿时，即使无脚踏，管脚枨亦供人踏足。床足圆材，如一般椅子的做法，上截穿过整在边抹四角的圆孔，顶端斜切45°，做成闷榫。三面围子如与南官帽扶手椅相比，后背最上一根等于椅子上的搭脑；两旁两根等于扶手。这根横材尽端也斜切45°，做成闷榫，与四足上端拍合。围子中间设绦环板，用短材。三根横材及床身的边抹连接拍合。绦环板开鱼门洞，造型从南方所谓的"炮仗桶"变出，两端又增添小型的开孔。与此相同的鱼门洞我们曾在吴县（今吴中区和相城区）洞庭东山严家的榉木罗汉床上见到，我们有理由相信此床亦为吴县地区的制品。

此床工料极精、形象秀丽，唯正中块绦环板鱼门洞中留出横木一条做成绳纹，即北京匠师所谓的"拧麻花"，稍嫌甜俗。但其整

花梨木三屏风绦环板围子罗汉床（214cm×130cm×81cm）

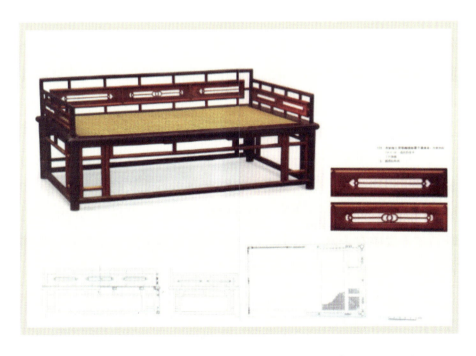

王世襄著《明式家具珍赏》，三联书店香港分店、文物出版社 1985 年版，第 186、187 页

元刊本《事林广记》版画局部

体构件与元刊本《事林广记》版画中的床有相似之处，说明其造型是有来历的。

有趣的是，文中提到的"吴县洞庭东山严家"，距离周老先生位于东山的院子仅半小时车程。1979 年、1980 年，王世襄曾经两度到苏州地区考察东山、西山，他在当地人的带领下，几乎逐村逐户进行了走访。

同一样式的画案，周家捐赠了三张，可见周老先生对这一样式喜爱有加。王世襄在书中介绍这一画案的设计，故意将罗锅枨改为裹腿做，用料加大，位置提高，直贴桌面之下，从而扩大了使用者膝部的活动空间，干净利落。但罗锅枨提高后，腿足与其他构件的联结过于集中在上端，恐不够稳固，故而在四足内侧设霸王枨来辅助支撑。这为明式家具的经典样式。

亮格柜是格与柜的结合体，这种柜上仅一个亮格的家具，又称万历柜，相传始于明代万历年间。王世襄在《明式家具珍赏》《明式家具研究》中均介绍了同款。柜的亮格有后背板，三面券口及栏杆都透雕寿字及螭纹。它的轮廓在转角处稍有起伏，那是从壸门变

黄花梨独板垛边霸王枨画案（220cm×67cm×83cm）

黄花梨亮格柜
（127cm×60cm×195cm）

黄花梨顶箱柜
［133cm×63cm×（186+73）cm］

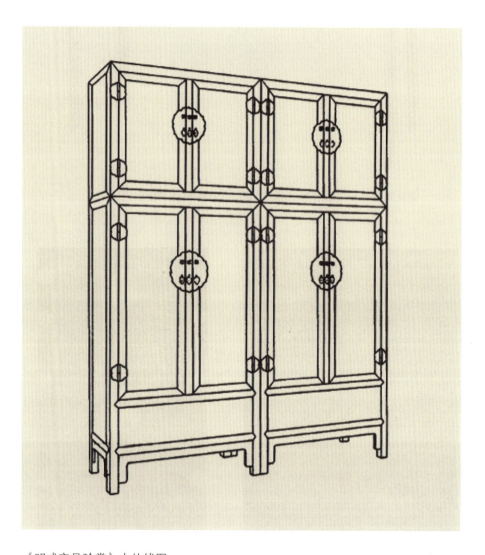

《明式家具珍赏》中的线图

黄花梨攒牙子栏杆带屉雕龙架格
（95cm×41cm×178cm）

《明式家具研究》第 171 页，攒接十字
栏杆架格（100cm×50.4cm×198cm）

化出来的。每扇柜门中间加抹头一根，上下分成两格，装板为外刷槽落堂踩鼓。上格方形，委角方框中套圆光，浮雕凤穿牡丹，四角用云纹填实。下格略呈长方形，浮雕牡丹双雀。几子在牙子上雕卷草纹。柜内有隔层，并安抽屉两具。在所见到的万历柜中，以此对的雕饰最为繁缛。

顶箱柜由顶柜和底柜两部分组成，一对组合使用又称"四件柜"。小的可放在炕上使用，称为"小四件柜"。这一对顶箱柜尺寸巨大，为黄花梨大四件柜的基本形式。它通体光素无纹饰，靠木材的天然纹理和铜饰件的造型来取得装饰效果，简约大气。

架格无疑采用了书中这款的设计，仅将尺寸调小，并减少了一层。同样用方材，安抽屉两具。栏杆用短材攒接出十字和空心十字相间的图案，表面全部打洼。最下层足间没有用和整体意趣一致的牙条、牙头，而采用线条柔婉的壸门弧线牙条，刚中见柔，可见匠心。

1985 年，《明式家具珍赏》在香港出版，大约五年光景，周老先生便做出了这批与书中样式高度一致的家具，可见他对中国传统文化之推崇，对古典家具之热爱。

（作者潘慧敏，为浙江大学艺术与考古博物馆职员）

棉中思贤人

第一次见到棉花，是在 2006 年。那时，我从事纺织行业的父亲前往新疆考察奎屯棉区，为我带回了一束雪白而饱满的棉花作为礼物。在陪我下棋时，他激动地说到新疆棉花技术的发展，兴致勃勃地谈到当时大热的彩棉种植、纺织技术及市场前景，追忆了他大学求学时老师在课上介绍的全能型企业"天山毛纺"。尚在上小学的我对于这番话自然是一知半解，但看着像云朵般可爱的棉花竟也能有如此大的学问，我不禁对新疆棉心生好奇。不曾料到，那时无意间与新疆棉花的缘分，却意外地延续到了工作之时。

第二次再见棉花，是在 2023 年。这一次是我与学校领导及同事前往位于苏州东山的周氏墓园，祭奠爱国爱港的"一代棉王"周孝先先生。那天，天气原本有些阴沉，在人员聚齐、摆满花束后，温暖的阳光竟突然大方地倾洒着。阳光照耀在花束上，微风伴随着摇曳的菊花花瓣，花束中的棉花显得更加柔软——就像是周先生毕生柔软善良的内心。在祭奠返程路上与周先生的家人朋友交谈时，我第一次对周先生有了印象与感知。

遗憾的是，因参与工作不久，我未亲眼见过周先生。周孝先先生与浙江大学及浙江大学艺术与考古博物馆缘分深切，周孝先、胡秀莲伉俪也深切关怀着浙江大学与浙江大学艺术与考古博物馆的发展，并为之付出了真切的行动。作为浙江大学艺术与考古博物院的一名职员，在参与前往周先生东山老宅采访老管家俞伟林先生及整理捐赠藏品，于周氏墓园祭奠周先生，随传记编委会前往新疆天山毛纺织股份有限公司、石河子 148 团等单位收集相关素材，以及配合馆内确保周家捐赠展览顺利展出等工作中我逐渐地对周先生的生平有了更深入的了解，并对他毕生的事迹充满了敬佩之情。

通过采访及整理工作资料，我惊叹于周先生在商业中的胆识与对社会发展的关心。在他人胆坚定的决定下、在他卓越的沟通技能下，新疆的生产投资环境得到了改善、生产技术步入了新阶段，新疆成了文化风情与经济活力并存的重要区域。周先生为新疆发展的务实之举，将永远在历史的长河中流淌。

周先生心怀大爱，倾尽一生为教育、慈善事业做出贡献，照亮了更多人前行的道路，让更多的人能在黑夜中渴盼黎明，迎接黎明。

我相信，纯白的棉花，将永远在祖国和煦的暖风中摇曳。

（作者方心怡，为浙江大学艺术与考古博物馆职员）

附录三 周孝先大事年表

· **1930年**

周孝先4月20日（阴历三月二十二）出生于上海。

· **1945年**

周孝先15岁在上海学徒，拜"南通棉花大王"王晋杰为师，学习棉花生意。

· **1948年**

周孝先赴香港发展，时年18岁，任王福隆棉行业务经理。

· **1950年10月—1953年7月**

周孝先参与香港爱国商人支援抗美援朝的物资供应活动。

· **1952年**

周孝先任诚丰贸易公司董事长，总代理日本伊藤忠商事株式会社在香港的棉花业务。

· **1954年**

周孝先与伊托曼公司（Itoman Corporation）在香港成立合资企业，名为正丰贸易公司（Cheng Fung Trading Company）。

· **1961 年**

周孝先任伊藤忠株式会社香港支店高级顾问（主管棉花及原料部）。

· **1963 年**

11 月 22 日，周孝先在美国得克萨斯州达拉斯市亲身经历了美国第 35 任总统约翰·菲茨杰拉德·肯尼迪遇刺。

· **1966 年**

周孝先先生与胡秀莲女士在香港结婚。

· **1967 年**

周孝先、胡秀莲的女儿周崇洁在美国出生。

· **1968 年**

周孝先、胡秀莲的儿子周宗元在香港出生。

· **1973 年**

9 月 4 日，香港国际棉业有限公司成立，周孝先任主席。

周孝先成功推动第一家美国棉农合作社卡尔科特有限公司（Calcot Ltd.）正式与中国进行贸易活动。

· **1977 年**

经周孝先牵线，澳大利亚最大的棉农合作社名井公司（Namoi Corporation)与北京中国纺织品进出口总公司签订进口澳洲棉花合同。

· **1978 年**

周孝先赴新疆考察棉花生产。

周孝先捐赠上海文物商店珠宝检验仪器两件。

· 1979年

周孝先陪同保罗·卡尔（澳大利亚"棉花之父"，Namoi 棉农合作社主席）考察新疆，洽谈合作项目。周孝先邀请香港著名实业家唐翔千考察新疆，并草签合资经营协议。

· 1980年

4月，周孝先陪同美国及澳大利亚专家再访新疆，落实石河子148团场的科学植棉计划。

6月23日，中华人民共和国外资管理委员会（外资审字〔1980〕5号）文批准成立天山毛纺织品有限公司，这是改革开放以来中国第一家中外合资毛纺织企业，周孝先与唐翔千参与投资。

周孝先任新疆维吾尔自治区天山毛纺织股份有限公司董事。

7月12—15日，新疆天山毛纺织品有限公司董事会第一次会议在乌鲁木齐召开，周孝先董事出席会议。

（周孝先任董事时间为：1980—2003年7月6日）

10月，新疆生产建设兵团石河子148团场向香港国际棉业有限公司赠送"合作植棉友谊纪念"锦旗。

· 1985年

周孝先聘请刘世镛担任香港国际棉业有限公司财务顾问。

9月，周孝先、胡秀莲陪同日本国务大臣河本嘉久藏组团访问新疆，并捐赠日本一家纺织纱厂的设备。

9月28日，新疆维吾尔自治区昌吉棉纺织厂举行投产典礼。自治区党委、政府领导王恩茂、铁木尔·达瓦买提、祁果、李嘉玉、张思学，香港东海资源有限责任公司周孝先夫妇，以及日本国务大臣、国土厅长官河本嘉久藏，日本东洋纺织公司，日绵株式会社，绫羽工业株式会社等日本在厂技术人员，澳大利亚嘉宾等参加。

·1986年

5月21日，胡秀莲女士荣获美国田纳西州孟菲斯市"荣誉市民"称号。

·1989年

5月20日，周孝先捐赠香港港安医院兴建升降机及病房，并出席捐赠仪式及医院25周年庆典。

·1990年

9月，新疆维吾尔自治区人民政府授予周孝先"荣誉状"，新疆天山毛纺织品有限公司赠予周孝先"建设边疆 振兴中华"铭牌。

·1991年

胡秀莲女士被推举为第一届宁波市海外交流协会名誉理事。

·1993年

7月19日，广东省肇庆市高要大酒店有限公司成立，周孝先任董事长。

10月26日，高要纪和制衣有限公司（台港澳合资公司）成立，周孝先任董事长。

·1994年

12月8日，新疆天山毛纺织品有限公司一届一次董事会在乌鲁木齐环球大酒店召开，周孝先等为第一届董事会董事，周孝先派周宗元代表出席。

·1995年

9月，浙江省在香港举办首届经济贸易洽谈会，胡秀莲女士携周宗元参加。

周孝先、胡秀莲参与香港"小扁担励学行动"。

· 1996年

周孝先捐赠北京协和医院新业务大楼多功能厅装修和考斯特车、七座丰田商务车各一辆。

9月16日，时任国务院总理李鹏、时任全国人大常务副委员长吴阶平及时任卫生部副部长陈敏章出席"北京协和医院建院七十五周年暨新业务楼启用庆祝大会"。

· 1997年

全国政协原副主席、中国社科院原院长胡绳倡议并带头捐款设立"青年学术奖励基金"，周孝先捐赠5万元人民币。

胡秀莲胞弟胡流源当选为台湾"中研院"工程科学组院士。

· 1998年

5月，周孝先参股的新疆天山毛纺织品有限公司在深圳证券交易所上市。

7月15日，时任宁波市市长张蔚文会见美国国立工程学院院士、美国国立医学院院士、匹兹堡大学教授胡流源，纽约西奈山大学教授胡流清等胡氏家族一行。

9月28日，周孝先、胡秀莲伉俪捐赠5万元人民币支持中华医学会业务楼改建。

· 1999年

6月，周孝先被浙江省海外交流协会聘任为第三届理事会名誉顾问。

8月7日，新疆天山毛纺织股份有限公司一届七次董事会在公司四楼会议室召开。周孝先派谭永结代表列席了会议。

在"小扁担励学行动"中，周孝先赞助手表 40 只。

·2000年

5月31日，周孝先参加新疆天山毛纺织股份有限公司一届九次董事会，被推荐为第二届董事会董事候选人。

7月6日，周孝先参加新疆天山毛纺织股份有限公司在深圳召开的临时股东大会，当选为第二届董事会董事。

10月16日，宁波市海外交流协会聘任周孝先为"宁波市海外交流协会第三届理事会海外顾问"。

10月，周孝先捐助 40 万港币在广东省肇庆市广宁县洲仔镇金场村兴建"香港中文大学校友会联会金场崇光小学"教学楼。

·2001年

周孝先捐赠 5 万元人民币，支持杭州雷峰塔重建。

周孝先继续资助由香港中文大学校友会联会教育基金会有限公司设立的"小扁担励学行动"。

1月13日，劳斯莱斯、宾利和香港保良局向周孝先颁发荣誉证书，感谢他为劳斯莱斯老年人慈善游行和宴会捐款。

11月29日，广宁县人民政府授予周孝先为第二批"广宁荣誉市民"。

·2002年

周孝先、胡秀莲出席在绍兴市举办的浙江旅外乡贤聚会。

7月14—16日，周孝先邀请时任香港金融管理局总裁任志刚出席在宁波举办的首届甬港经济合作论坛。

·2003年

6月29日，新疆天山毛纺织股份有限公司三届一次董事会在公司三楼会议室召开。周孝先委托董事张自强参加。

周孝先为新疆维吾尔自治区救灾工作捐赠港币 10 万元，香港国际棉业有限公司执行董事周宗元捐赠港币 1 万元。

（详见 2003-03-04 新疆维吾尔自治区救灾捐赠办公室公告〔第四号〕）

·2004年

周孝先被聘为浙江省海外交流协会第四届理事会顾问，时任浙江省委副书记、政法委书记夏宝龙会见周孝先等。

10 月 1 日，因年龄等原因，周孝先辞去新疆天山毛纺织股份有限公司董事会董事。

12 月 14—17 日，时任全国人大常委会副委员长、中国科学院院长路甬祥率团访问香港期间，会见周孝先并考察香港国际棉业有限公司。

·2005年

3 月 28 日，广东省封开县杏花镇人民政府赠予周孝先"爱心送暖"铭牌。

周孝先向香港中文大学中医中药研究所所长梁秉中教授捐赠 25 万港币，用作中医药研究的经费。

周孝先把广东肇庆高要的 7 万平方米的厂房用地用作香港中文大学中医中药研究所仁高中草药种植发展基地。

9 月 13 日，周孝先捐赠港币 5 万元支持香港中文人学校友会联会陈震夏中学。

·2006年

香港中文大学中医中药研究所仁高中草药种植发展基地正式

建成。

7月5日，胡秀莲二弟、纽约西奈山医学院教授胡流清当选为台湾"中研院"院士。

·2009年

周孝先、胡秀莲邀请在海外家人及亲友（包括时任上海航天局局长陈振雷夫妇）在杭州相聚，观看大型山水实景歌舞剧《印象西湖》。

2月，周孝先被聘为浙江省海外交流协会第五届理事会海外顾问。

·2011年

宁波市人民政府侨务办公室组团赴香港访问期间，专程看望了周孝先等。

·2013年

4月7日，中国杰出的外科学家、医学科学家、教育家和医院管理专家，中国普外内分泌外科学奠基人之一，北京协和医院顾问、原院长朱预教授追悼会在北京协和医院举行。周孝先和胡秀莲女士发唁电、送花圈表示哀悼。

4月23日，周孝先、胡秀莲捐资200万元成立苏州市吴中区东山镇"秀莲教育基金"，每年奖励、资助东山镇学子。其后，又在广东、湖南、四川、江苏等地捐建多所小学。

5月，周孝先参观东山景区雨花禅寺，为大殿重建捐赠人民币3万元。

9月，周孝先夫妇应新疆维吾尔自治区政府邀请访问新疆，并在木垒哈萨克牧民家中做客。

·2014年

周孝先被聘为浙江省海外交流协会第六届理事会顾问。

·2015年

3月中旬，李培培老师一行在香港拜访周孝先夫妇，并洽谈捐赠意向。

美国胡流源教授受聘为浙江大学医学院名誉教授。

·2016年

胡流源院士受聘为浙江大学"李达三、叶耀珍再生医学发展基金科学咨询委员会"委员。

·2017年

4月19日，周孝先、胡秀莲参观"东山方志名人馆"陈列室，并捐款支持陈列馆的建设。

10月22日，周孝先夫妇应邀赴浙江大学考察，参观正在建设中的浙江大学艺术与考古博物馆，并表达了捐赠意向。

11月，时任浙江大学党委书记邹晓东率团访问香港时拜访周孝先夫妇。

·2019年

2月25日，时任浙江大学校长吴朝晖院士会见了参加浙江大学香港新春答谢会的胡秀莲女士及其女儿周崇洁。时任浙江大学艺术与考古学院筹备组负责人白谦慎等赴香港拜访周孝先夫妇。

4月13日，周孝先90岁寿诞在上海虹桥郁金香宾馆唐宫举办。时任浙江大学艺术与考古学院筹备组组长白谦慎赠送墨宝《寿》。

4月18日，胡流源教授做客浙江大学国际联合学院（海宁国际校区）第二期鹃湖沙龙活动，作"深解美国生物医学工程前沿问题"

的学术报告。

8月16日,周孝先、胡秀莲设立的东山镇"秀莲教育基金"在东山中学、莫厘中学分别举行了颁奖活动。

· 2020年

10月11日,周孝先因病逝世,享年90岁。

11月1日,周孝先告别仪式在上海龙华殡仪馆举行。李培培老师作为先生生前亲朋好友代表致悼词。

· 2021年

1月24日,周孝先葬礼在苏州东山周氏墓园举办,李培培老师等参加,时任浙江大学艺术与考古学院院长白谦慎题写碑文。

10月13日,胡秀莲女士向浙江大学教育基金会捐赠2000万元人民币设立"周孝先、胡秀莲中国艺术史研究与教育基金",并捐赠一批中国传统家具及珍贵实物,支持开展中国艺术史和文化的研究、展览与教育活动。

浙江大学决定将浙江大学艺术与考古博物馆三号展厅命名为"周孝先 胡秀莲厅"。

· 2022年

5月,《周孝先传》编委会成立,编撰采访工作正式启动。

5月18日,浙江大学125周年校庆之际,"周孝先、胡秀莲伉俪捐赠家具展"在浙江大学艺术与考古博物馆开展。

5月21日晚,在"典学浙江大学"主题晚会上,李培培老师代表周孝先、胡秀莲伉俪接受浙江大学颁发的捐赠致谢牌。

11月3日,时任浙江大学校长吴朝晖院士再次到浙江大学艺术与考古博物馆参观"周孝先、胡秀莲伉俪捐赠家具展"。

10月12日，在周孝先逝世二周年之际，《周孝先传》编委会主要成员前往东山镇周氏墓园追思祭奠。

12月21日，浙江省委书记易炼红到浙江大学视察指导时，参观在浙江大学艺术与考古博物馆三号展厅（周孝先　胡秀莲厅）举办的"刻古传今——悦读宋韵展"。

·2023年

2月14日，《周孝先传》编委会赴京采访浙江大学党委原书记、中央和国家机关工委副书记、机关党委书记邹晓东等。

2月22日，浙江大学副校长黄先海率团赴香港访问期间，拜访周宗元先生，并为其颁发了感谢牌与荣誉证书。

3月8日，周孝先夫妇捐赠的第二批家具共计92件，自苏州东山运抵浙江大学艺术与考古博物馆。

4月5日清明节，《周孝先传》编写组再次来到东山周氏墓园祭奠周孝先先生。

4月14日，胡秀莲女士向浙江大学教育基金会捐赠字画、玉器、瓷器、石亭、太湖石等收藏品。

4月18日，浙江大学艺术与考古博物馆举办"屏居佳器——周孝先、胡秀莲伉俪捐赠家具展"。

5月6日，浙江大学举办"胡秀莲女士捐赠仪式暨周孝先　胡秀莲厅揭牌仪式"，校党委书记任少波，党委常委、副校长黄先海等出席了仪式，胡秀莲女士、周宗元先生及周氏家族代表参加了活动。

任少波书记向胡秀莲女士颁发捐赠证书和捐赠铭牌，黄先海副校长向周宗元颁发"浙江大学海外发展顾问"聘书。

5月19日下午，浙江大学微电子科学与工程本科生党支部集体赴艺术与考古博物馆参观周孝先、胡秀莲伉俪捐赠家具展。

5月29日，胡秀莲女士及其侄女周嘉虹、侄女婿陆铀向浙江大学药学院现代中药交叉创新基金捐赠40万元人民币。

5月29—6月1日，《周孝先传》编委会赴新疆实地走访天山毛纺织有限公司和兵团第八师148团。

8月10—17日，《周孝先传》编委会赴香港、澳门实地采访国际棉业有限公司总经理谭永结、香港中文大学校董刘世镛，走访香港港安医院、周孝先在澳门建造的"晋杰苑"等。

9月1日，《周孝先传》编委会电话采访梁秉中教授，了解当年周孝先资助中草药发展基地的有关情况。

11月3日，胡秀莲女士和胞弟胡流源院士及其夫人张德洁一行访问浙江大学。

11月5日，胡秀莲和胞弟胡流源院士及其夫人张德洁一行数人回宁波鄞州胡氏墓园祭祖。

11月26日，在首届浙江海外社团联谊大会暨第二十届浙江旅外乡贤大会上，胡秀莲女士被授予"2023年浙江省爱乡楷模"荣誉称号。

· 2024年

4月24日，胡秀莲女士被聘为香港－浙江大学教育基金会第四届理事会荣誉顾问，周宗元被聘为副理事长。

4月26日，浙江大学党委书记任少波、副校长黄先海拜访香港国际棉业有限公司，周宗元代表胡秀莲向浙江大学教育基金会捐赠吴作人画作《金鱼图》一幅。

6月18日，周孝先外甥叶嘉松夫妇、叶嘉春夫妇一行访问浙江大学，参观浙大艺术与考古博物馆，观赏周孝先、胡秀莲伉俪捐赠的藏品。

8月11日，胡秀莲女士因病逝世，享年84岁。

附录四　周氏族谱一览

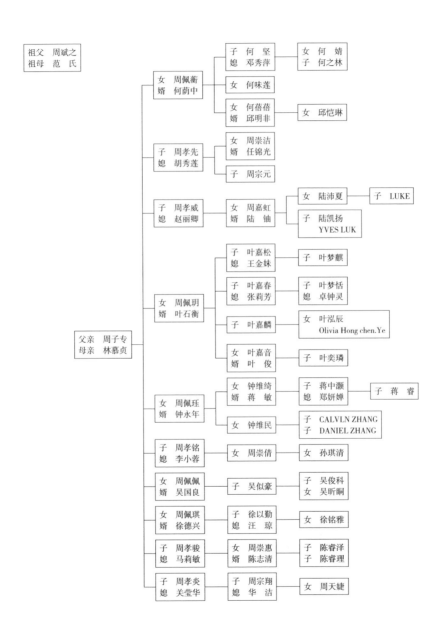

附录五　胡氏族谱一览

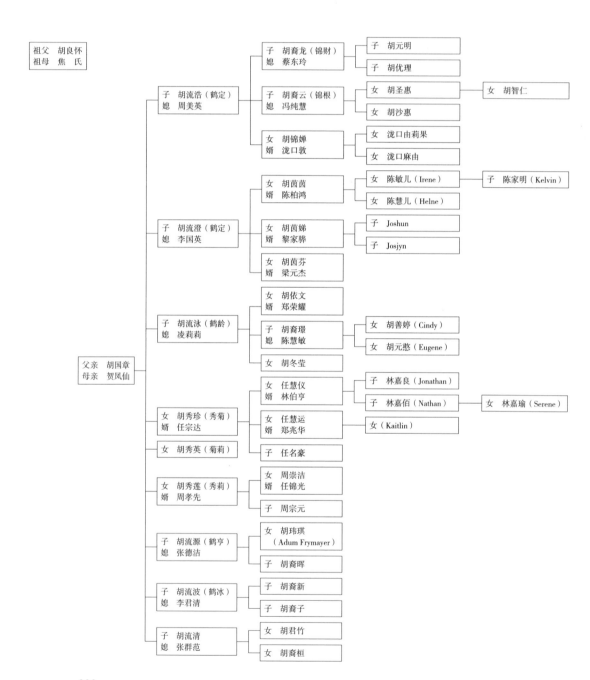

特别鸣谢

（排名不分主次）

新疆维吾尔自治区人民政府

新疆维吾尔自治区人民政府国资委

新疆生产建设兵团

新疆石河子 148 团场

新疆天山毛纺织股份有限公司

新疆温州商会

新疆生产建设兵团第八师温州商会

新疆浙江大学校友会

中国社会科学院

北京协和医院

浙江省人民政府侨务办公室

宁波市人民政府侨务办公室

绍兴市人民政府侨务办公室

宁波市北仑区人民政府侨务办公室

浙江大学艺术与考古学院

浙江大学药学院

浙江大学发展联络办公室

浙江大学艺术与考古博物馆

宁波市北仑区新碶街道许胡村村委会

江苏省苏州市吴中区东山镇人民政府

上海文物商店

加拿大收藏家协会

杭州中诚健价格评估有限公司

香港国际棉业有限公司

香港中文大学中医中药研究所

香港中文大学校友会联会教育基金会

中审亚太才汇（香港）会计师事务所有限公司

香港港安医院

香港陆羽茶室

澳门苏浙沪同乡会

澳门万博有限公司

　　纵观古今中外，能够树碑立传乃至青史留名者，无疑是对国家和民族做出杰出贡献的人。周孝先先生是一位爱国、爱港、爱家乡的"棉花大王"，是一个富有传奇色彩的"爱国商人"。这样一位在商界打拼了一生的"传奇人物"，在创办实业、捐助教育、文化收藏、慈善公益等方面都做出了令人瞩目的业绩。然而，在讯息如此发达的今天，在搜索引擎中却很少能搜到他的信息资料，其个人事迹自然鲜为人知。直至与浙江大学结缘，才陆陆续续有了一些关于他个人的宣传报道，周孝先的名字才慢慢被人们所熟知。

　　周孝先先生生前和胡秀莲女士非常赞赏与肯定浙江大学的教育理念，虽然周先生已逝，但后继有人，胡秀莲女士高高举起"爱心接力棒"继续着周先生的未竟事业，近些年他们向浙江大学捐赠了几百件珍贵的藏品及几千万元的教育基金。如今，浙江大学在艺术与考古博物馆专门设立了"周孝先　胡秀莲厅"，以铭记周孝先夫妇襄教助学的慷慨义举。

　　正因为周先生生前如此低调淡泊，做了许多利国利民的好事却不事张扬，越发让我们感到周先生就是一个"谜一样的存在"。因此，就更有必要向世人介绍这位在业界默默奉献、不求闻达且做出了卓越成就的人物，让更多的人了解和熟悉他不平凡的一生，以缅怀逝者，激励后人。

　　自 2022 年 4 月《周孝先传》列入写作出版计划以来，在浙江大学教育基金会及浙江大学艺术与考古博物馆的统筹部署和全力支持下，成立了编辑委员会，全体编委会人员通力协作，紧锣密鼓地开始了前期调研采访工作。

为传主立传的首要条件是要最大可能地占有真实材料。编委会成员千方百计地搜集"活材料（口述、回忆）"、发掘"硬材料（档案、文献）"等一系列相关写作传记的必备材料。

由于传主已经辞世，加之能公开查到的资料少之又少，我们"白手起家"，从零做起，只能把目标奔向周先生的亲属、朋友及相关当事人、知情者。采访中也不无遗憾，有的人访问未竟，人已谢世（如周先生的亲戚七嬢嬢毛芝英）。同时，我们又频繁联系当年与周先生有过交集的侨务部门、博物馆、档案馆及文物商店等，尽可能地查阅档案文书及图片、实物。一旦发现有价值的线索，立即深挖，锲而不舍，以求有所收获。

资料搜集工作用"上穷碧落下黄泉"来形容一点也不为过。编委会调动一切可以调动的关系，寻找一切可以寻找的线索，甚至不放过网络上的任何一点"蛛丝马迹"。按照先近后远、先易后难的采访调研思路，采取了线上线下两种方式进行采访。除了线下采访与周先生有过接触的相关学者和教授，线上采访中国香港及美国等地的周先生的同事与亲戚，编写组主要成员又先后到胡秀莲女士的故乡宁波北仑区新碶街道许胡村、周孝先在苏州市吴中区东山镇的住宅及周孝先和胡秀莲于上海的寓所进行采访。

后来，编委会成员又赶赴北京中国社科院、北京协和医院、上海等地调研，采访了相关人员，收集到了不少一手资料。

特别值得一提的是，2023年5月底至6月初，编写组主要成员远赴周先生当年联合植棉、投资创业的新疆乌鲁木齐和石河子等地，沿着周先生当年走过的足迹实地考察采访，不仅感受到了周先生当年创业的艰辛，也感受到了祖国边陲翻天覆地的变化。2023年8月中旬，编委会主要成员专程赴香港国际棉业有限公司、澳门晋杰苑等处采访，这也是全书采写任务的重要环节。编委会几乎在内地与港澳可能找到有关周先生线索的地方走了一遍。

随着采访和写作的深入，周先生爱国爱港爱家乡的形象逐渐清晰高大起来。周孝先的一生是富有传奇色彩的一生，对国家忠、对父母孝、对妻儿爱、对朋友义贯穿了他传奇而又不平凡的一生。由于周先生生前为人处世太过于低调，故能够公开搜集到的有价值的资料仍不够丰富，岁月久远，一些事情可能已经无法还原，我们只能尽其所能，大致勾勒出周先生传奇一生的主要"片段"和重要"时间节点"，尽可能把一个相对完整的"一代棉王"的形象呈现给大家。以此缅怀和致敬这位爱国商人的传奇人生！

当年《红楼梦》的作者曹雪芹是以"披阅十载，增删五次"的精神来进行写作的。我们不敢以此类比，但在时间紧、人手少、传主已故、原始资料阙如的情况下，我们还是精诚团结，全力以赴，广泛听取各方面的建议与意见，数易其稿（前后八易其稿），最终成书。由于主、客观条件的局限，书中会有不少缺陷和疏漏，不当或欠妥之处在所难免，敬请读者批评指正、不吝赐教，以便来日修订。

《周孝先传》在编写过程中，得到了社会各界的帮助与支持，尤其是胡秀莲女士及其女儿周崇洁、儿子周宗元等亲眷不遗余力相助。作为周先生生前好友，李培培更是事无巨细，亲力亲为，为写作此书可谓殚思竭虑。周孝先先生的侄女周嘉虹，周孝先先生的外甥叶嘉松，香港国际棉业有限公司总经理谭永结，中审亚太才汇（香港）会计师事务所总经理、香港国际棉业有限公司原财务顾问刘世镛，国务院侨务办公室政研司原司长范如松，浙江日报报业集团原副总编辑陆熙，浙江大学教育基金会原秘书长沈黎勇，浙江大学艺术与考古博物馆原常务副馆长楼可程，新疆维吾尔自治区政府原副主席杨和亭之女杨亚莉等为本书的立意、架构、图文等提出了很好的意见和建议。从创作角度而言，本书是集体协作的成果。书中所用图片由浙江大学教育基金会、浙江大学艺术与考古博物馆、周孝先先生亲属等单位和个人提供。

此外，编委会成员所到之处均受到了当地相关人员的热情接待与配合。限于篇幅，兹不一一列举，借本书出版之际一并致以衷心的谢忱！

《周孝先传》编辑委员会

2024 年 8 月